catch

catch your eyes；catch your heart；catch your mind……

RUN! GIRLS RUN!

歐陽靖寫給女生的跑步書

歐陽靖 著

「訓練最痛苦的部分，
就是一開始穿上鞋子的那一刻。」

——1967年第一位隱匿性別完成波士頓馬拉松的女跑者、
1974年紐約馬拉松冠軍，凱薩琳．史薇哲

"There is an expression among even the most advanced runners that getting your shoes on is the hardest part of any workout." —— KATHRINE SWITZER

推薦序

RECOMMENDATION

一

奔跑，讓我變勇敢了！

馬拉松作家　飛小魚

漸漸地，「奔跑」也變成台灣的共同圖像，像流行風潮般成為時尚，一種流動的風景。如果只是趕時髦，終究是過眼雲煙，嘗鮮後就失去興致了。但歐陽靖不一樣，她用跑步跟過去那個曾經晦暗、陰鬱、黯黑、悲傷、憤怒、自卑的自己道別，蛻變成集聰慧與美麗於一身的靚女孩。不單單是個美跑者，阿靖的心更美，她想要讓更多女孩跟她一樣，擁有「變美」的能力，於是，她把自己的故事寫下來。

每個人並非絕對單一的樣貌，幸運的話，就只會以一種足以代表「真我」的姿態出現，喜不喜歡，都是獨一無二的自己。阿靖的故事很「精彩」，即使我已經在網路上陸續閱讀過，但多數是零星而片斷的，直到看了〈我與我的人生馬拉松〉一文，總算窺見她的全貌——看似雲淡風輕地訴說著過往，我彷彿看到阿靖那雙漂亮的眼睛裡隱藏著深沉而巨大的痛苦。都走過了，在揮汗奔跑的過程中，在化成文字之後，一點一滴地釋放與昇華，她更勇敢了，一如她在書中寫著：「我所熟悉的日本逐漸改變了自己的樣貌：並非向下沉淪，而是因失去退路而被迫成長、被迫茁壯、被迫變堅強。」

這分明是阿靖嘛！我看到的她，從來沒有被那些沉重的過往擊敗，她一直努力地讓自己更好，「相信的力量」是她最強大的信仰，跑步帶給她源源不絕的勇氣與能量，就這樣，她以奔跑的姿態踏上未來的人生旅程。想去「渡」更多人一起加入跑步這個快樂大家庭的飛小魚，遇見自詡為「長跑傳教士」的歐陽靖，會激盪出什麼樣美麗的火花？我們都用摯愛的文字，緩緩訴說著那個關於微風吹拂，在風中奔跑的夢。噢，誰說跑步很無聊，它可浪漫呢！

二

人生就是一場馬拉松

田徑馬拉松國手　張嘉哲

馬拉松，全程42.195公里，田徑運動二十四種項目其中一種運動，但因馬拉松富有傳奇的歷史故事，且入門簡單不需要太多如撐竿跳、三級跳遠的高難度技巧動作，也不具有標槍、鐵餅、鏈球項目的高危險因子，但卻有置於死地而後生的戲劇性變化，所以被世人所喜愛，也常被拿來作為比喻長時間從事某種很累人的活動之代名詞，如馬拉松演唱會、馬拉松式的調查，台灣大學每年所舉辦全程約五公里的校園路跑，也人刺刺自稱為台大校園馬拉松。

歐陽靖，將自己的人生譬喻為一場馬拉松賽，從出生的起跑線至低潮的撞牆期，當然，三十歲的她還沒跑到終點。父母親為她的人生馬拉松導師，使她的價值觀與正常人不同，而社會中所謂的「正常」也不過是多數為主的單向道。

身體意象（自己對自我身體的的評價）最容易受到同儕、家人、媒體、重要他人與當代流行文化的影響，所以，歐陽靖這場還沒到盡頭的人生馬拉松賽，已經令我反思，刺青就是不好嗎？抑或ＢＭＩ指數過高就應該成為被取笑的對象？我該如何正視並且看待自己的身體？還是隨著批判繼續墮落？

馬拉松的過程就如同一場生命歷程的縮影，你會遇到沒有公德心亂丟雨衣的民眾讓你必須跳躍著前進，還必須閃過扛著廣告旗幟的走路工，而場邊熱情加油的民眾與跑步的夥伴們成為意志力最佳的補給燃料，但世界當然不是你想得如此簡單，出乎意料的路人亂入衝進賽道，叼著菸汙染空氣品質的大叔催促著快跑快跑，我們無法阻止他人的錯誤期待與不合理的對待，永遠只能放下紛擾，才能繼續堅持大步地跑向正確的方向。

三

陽光勇敢快樂地向前跑吧！

歐陽靖ㄚ母　譚艾珍

老媽我連作夢都想不到歐陽靖會與「運動」這檔事兒連結啊！

阿靖在兒童時期柔柔弱弱得很～「不愛動」、少女時期是大胖妹歐羅肥完全～「不想動」、而憂鬱症時期瘦得像蜘蛛精根本就～「動不了」。對於她的「不動」我一點兒也不奇怪，因為她一出生就發現膝蓋關節脫臼，然後一個小嬰兒雙腿被打上石膏整整一個月，所以就注定阿靖得經歷「三不動」的過程。

但是，她現在竟然短短一年半的時間讓老媽我有了三大情緒變化啊！我常常開玩笑說看阿靖的成長過程像看戲一樣，精彩的變化、猜都猜不到的劇情發展讓我瞠目咋舌。二〇一一年冬天阿靖每晚出門健走，過了兩星期說開始慢跑了，我看她為了身體健康動起來真替她～「高興」。半年後她去參加台北女子路跑十公里，又過了半年她說要去舊金山跑二十一公里，我嘴巴張到下巴快掉了，簡直就是～「驚嚇」。又過了半年她說要去日本跑「全馬」，因為我沒有距離概念無法想像什麼叫「全馬」？為了展現母愛特別陪她去河濱公園練習，我充滿愛心騎著腳踏車充當送水車，騎了不到六公里老娘我又餓又累地坐在路邊把水和點心全吃光了，害她差一點要向路人討水喝，哈哈！當然這個經驗讓我可以想像到「全馬」應該是一場硬仗哦！二〇一三年三月十日中午，我邊用餐邊想著在名古屋的阿靖跑得是否順利，不一會兒接到阿靖興奮地來電說比預定時間超前地完成了她人生的第一個「全馬」……我掛了電話後激動地含著飯根本吞不下去而眼淚直流，回想過去她為了療癒自己憂鬱症的過程是多麼的辛苦又多麼的努力，只因為她不甘心自己的人生會被生病綁住而勇敢向前，靠著自己的決心毅力達到目標，當時的我心中滿滿的是～「感動」。從那時起老媽我正式成為阿靖的粉絲啦！隨時祝福女兒歐陽靖迎向著人生的陽光勇敢快樂地跑吧！

四

TO隊長：歐陽靖

路跑團體Amazing Crew成員

Andy，勘履者執行長

或許你不認識歐陽靖，她是一個出生腳踝就斷掉，曾經胖到七十幾公斤，童年就在同儕霸凌與清貧中度過，後來是一天一包菸、需要依賴大量鎮定劑、連動起來都有困難的重度憂鬱症患者，從細膩與感情充沛的文字中看到歐陽靖與家人用「愛」面對這一切的困境，用馬拉松找回人生的自信與態度，才華與光芒從不需要學歷來證明，在這本書裡找看到隊長「歐陽靖」不為人知的堅強毅力與意志。

Elmo，Juksy線上潮流雜誌創意總監

如果妳是一個好動的女生，這會是一本很多資訊的書！

如果妳是一個想動的女生，這會是一本讓妳啟動的書！

每一個人都會有一個自己的馬拉松故事，一個屬於自己的故事，打開門，跑步，寫身體的故事。

Ken，單車團體nabiis創辦人

隊長「歐陽靖」用身體力行轉化成的字字句句，充滿著矛盾的深刻人生體驗，如同馬拉松賽時生理與心理的拉扯一般，她用充滿無比勇氣的心理戰勝了，跑向人生的新起點。相信妳也一定能感受到這股跑出來的力量，Run! Girls Run!

Mr.Q，MJF品牌主理人

能跑在妳左右是我年近三十的榮幸。

當整個七年級世代被稱作草莓族時，你可以在這世代中看見一個女子，她曾經把自己埋得這麼深，在那最痛楚跟黑暗的角落，那裡並非空無一人，還有整個社會對她的鄙視，但十年過去，她用生命的韌性、毅力、信仰從那谷底衝出。認識短短一年不到，這女子即使貪吃、時常懶散，但她的直率跟對生命及社會的熱誠是我此生罕見，我無法將她與十年前媒體上的形象連結，我更無法想像她付出過多少努力走過，她無疑是我這世代的指標之一，尤其對於次文化年輕人及女性獨立上更顯其意義，她也是我最親愛的隊長——歐陽靖。

馬克媽媽，My Dog 我の狗雜誌總編

二〇〇四年網路上認識了歐陽靖，雪白膚色，身上爬滿刺青，頹廢陰鬱的眼神，很難相信這樣的女孩未來會是全馬跑者。

或許我永遠無法了解，過去的她曾經經歷過什麼苦痛，不過我現在很清楚，她靠著自己力量爬起來，向前跨出的每一步，都寫著無比的勇氣，進入她的跑步世界，相信我，不管你現在是不是個跑者，都會被感動。

徐裴翊，三立新聞主播

我永遠記得，採訪歐陽靖時，她帶著堅定的眼神說，要當個跑步的傳教士。

她因為跑步走出重度憂鬱，因為跑步而快樂，因為跑步獲得力量。

透過歐陽靖的文字，你將認識她曾身處的黑暗，以及擁抱正向的歷程。

更重要的是，你會迫不及待，穿上跑鞋走出戶外，體驗不曾有過的美好。

目錄

CONTENTS

前言

PREFACE

我相信跑步可以為人心帶來的無窮力量，
也希望這本書能開啟妳的跑步生活。

這本書之所以會誕生，只因為一些女生對我所說的這句話：「因為妳，我也開始跑步了！」

起初我只是為了追求自己的目標、為了證明自己變堅強而跑，卻沒有想到這段小小的馬拉松歷程，竟然可以鼓舞到一些曾經像我一樣、以為自己做不到的人。我要感謝媽媽、感謝天上的爸爸，是你們遺傳了勇氣給我。還要感謝賜給我鑰匙、讓我展開跑步旅程的高橋盾先生、Wei Kan、天上的弟弟譚大寶，以及在這條跑道上指引我方向的所有前輩們。最重要的是，我要感謝每一位曾經對我說過加油的人。

跑步改變了我，我還在跑著。我相信跑步可以為人心帶來的無窮力量，也希望這本書能開啟妳的跑步生活。

WINS
SOUL?

生命中最巨大的正面能量

二〇一二年四月，天色未明；凱達格蘭大道上，一萬多名女生們精神奕奕地在鳴槍聲後起跑。在這場女生路跑活動中，每位跑者都是獨自地在跑著，但卻擁有一樣的目標、在朝著一樣的方向前進；那是我親身感受過最巨大的正面能量，而這正面能量竟然是由上萬個「相信自己可以做到」的女生所產生的。

十月，我在舊金山女子馬拉松的賽道上，看到一名年邁女跑者的背影；她在T恤寫上「Survivor」字樣與三個名字。我跑到她身後仔細看了文字內容才驚覺，她是一位母親，而她是為了替自己罹患血癌的小孩加油而跑。

翌年三月，我在名古屋與數萬名女生同時邁開42.195公里的旅程，我不發一語，只聽見自己的呼吸聲。過了地獄般的三十二公里，我看到身旁有個瘦弱的女生瘸著腿，應該是已經扭傷了？卻依然不放棄地一步步在前進……我受到那位女生鼓舞，堅持了意志，卻依然不敵劇烈的疼痛感。我落下眼淚，在心中默默地對逝去的弟弟說：「大寶，你姊姊是個很厲害、可以跑完四十二公里的人喔！」然後，我笑了出來，雖然眼淚並未止住，但我確實以這個意念撐了下來。最後的一百九十五公尺，我與其他女跑者手拉著手、邊尖叫邊衝進名古屋巨蛋，通過終點線那一刻，我的心中帶著極巨大的喜悅。終於，我拿到了人生中第二條「自己用汗水與淚水」得來的Tiffany項鍊完跑禮。

在這個「女生路跑」、「女子馬拉松」興盛的當下，我們女生很難想像自己之所以能夠自由自在地奔馳在跑道上，也是經過許多前人的努力。作為「世界六大馬拉松」之一、具有一百一十六年悠久歷史的波士頓馬拉松（Boston Marathon）剛開始其實是不准女性參賽的。在運動員女權尚未得到重視的西元一九六六年，女跑者芭比．吉布（Bobbi Gibb）是第一位未報名、但完跑波士頓馬拉松的女性；隔年女跑者凱薩琳．史薇哲（Katherine Switzer）隱匿性別報名參賽，成為波士頓馬拉松第一位「領到號碼牌的女性」。而當時編號二六一的史薇哲在賽道上被男性工作人員拉扯的照片，遭新聞媒體刊出之後也引起了社會一片譁然。直到一九七二年，大會才正式獲准讓女性參賽。而史薇哲在三年後領著「紐約馬拉松冠軍光環」正式重回波士頓馬拉松，並以兩小時五十一分的優異成績完成四十二公里得到第二名。

因為長跑讓我重獲新生

長跑是種簡單而神奇的運動，在我開始跑步之前，我從來不知道跑步可以教會我這麼多。我曾經意志不堅，也曾經沒有自信；尤其在那罹患重度憂鬱症的六年歲月裡，我認為自己什麼事都做不到。記得某天晚上，外宿在朋友家中的我，只因為「忘記帶安眠藥」而驚慌失措，我對自己說：「我完蛋了！我一定會睡不著，我完蛋了……」當時的我，居然連「放輕鬆」的自信都沒有，更何況是遭逢別的意外。

我從高中輟學、因飲食失調而唾棄自己、質疑自己存在於這個世界的價值……甚至在情傷後，認為自己外貌醜陋而足不出戶。我常常因為一點點的打擊就選擇退縮，或是因為別人一句無心的玩笑話就落入負面情緒的深淵。我拒絕嘗試新的事物、拒絕挑戰，只因為我總是事先告訴自己：「我一定會失敗。」但在數年之後，也就是第一次跑全程馬拉松的那個早上；前一夜只睡了不到三小時的我，居然精神奕奕地對著每位朋友說：「今天是我的生日，是我重生的日子！」我自信而平靜地微笑著，對即將迎來的難關充滿期待。

跑步是突破人生挫折的方法

我很確定自己人格的改變是由於練跑的關係，我們在鍛鍊長跑的過程中，一定會遭遇到一種被人們稱之為「撞牆期」的時期，好似有道無形的高牆就阻擋在跑者的面前，使我們的體力與心態都無法負荷、覺得自己好像再也跑不下去。而突破撞牆期的最好方法，卻是「放輕鬆」。一九七二年奧運馬拉松金牌得主法蘭克．修特（Frank Shorter）曾說過這麼一句話：「經驗教導我，最重要的是繼續向前，專心讓自己放鬆快跑，一陣子之後痛苦會過去，那份流暢的感覺會回來。」他說的是突破撞牆期的方法，卻同樣也是面對人生挫折的方法。

相較於男性，許多女生往往缺乏健康的紓壓管道，一旦遭遇負面情緒襲來的時候，不是大吃大喝、抱頭哭泣，就是非理性購物、甚至自怨自艾。我自己在過往也是這個樣子，每次暴飲暴食或購物完，我反而會因為「後悔」而墮入另一個黑洞。但就在接觸長跑之後，現在的我只要在工作上遇到了挫折、在感情上陷入膠著，我一定會去慢跑。說也奇怪，每次跑個三十分鐘到一小時，回頭再審視令自己感到煩惱的點，好像也變得沒什麼大不了的了。

長跑是充滿哲理的運動，世界上少有運動能像長跑一樣，有這麼多名言流傳於世。長跑也是最簡單的運動，只要邁開大步就可以進行。我相信，長跑也是代表「堅強」的一種運動。在名古屋女子馬拉松的賽道上，我看到路旁有男學

**「相信自己能做到」是一股很重要的力量，
有時候只是自己小小的改變，
也能為其他人帶來極大的正面影響。**

生高舉牌子在替跑著加油，上頭寫著「跑步的女生是最美的女生」，而我認為他所寫的一點都沒錯。「相信自己能做到」是一股很重要的力量，有時候只是自己小小的改變，也能為其他人帶來極大的正面影響。我曾詢問過一些前輩跑者關於女性跑者在馬拉松界（甚至是超級馬拉松界）的表現，他們都說：「女性的意志力與忍耐度是高過男性的！」在一定的體力基礎下，跑馬拉松最重要的就是意志力。

有時候，我真的會以身為女人為傲，我們可以感性地愛人，也可以理性地面對挑戰。如果女生還能夠自信而堅定地跑起來，將會是多美的一片風景。

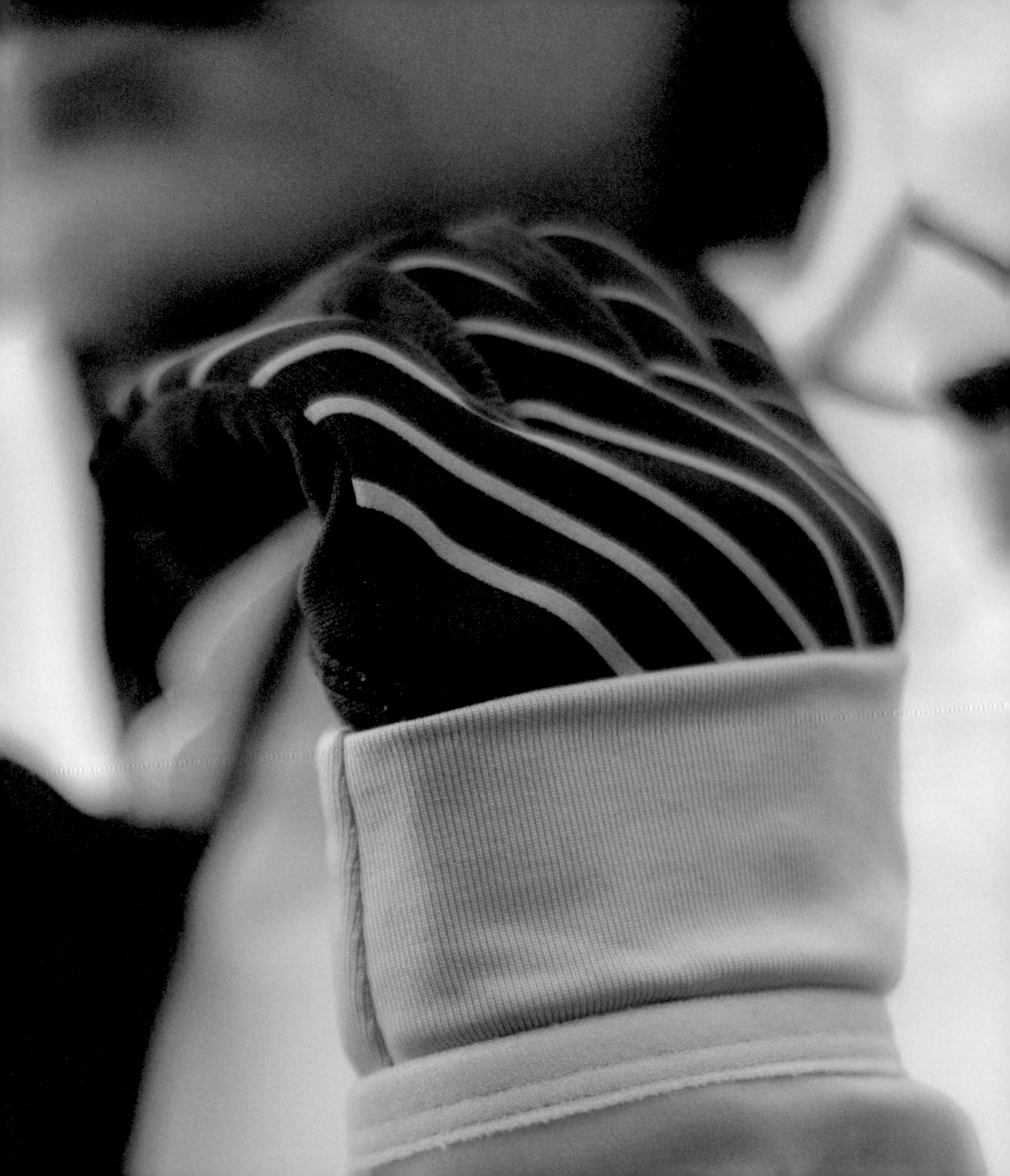

「在平凡的生活裡，
跑步可以把刺激吹進你的靈魂裡。」

——奧運自行車女性金牌得主，克莉絲汀．阿姆斯壯

“In the midst of regular life, running is the touchstone that breathes adventure into my soul.” —— KRISTIN ARMSTRONG

LIFE

PART 2

MY RUNNING

我與我的人生馬拉松

2-1

THE STARTING LINE

起跑線

馬拉松比賽時標誌起點位置的線條，跨過這條線即正式計算賽事里程。

在醫院度過的一歲生日

西元一九八三年九月七日，秋意初現的台北市早晨，我來到這個世界上了。我很想試圖形容自己呱呱墜地時的情景、產房喧鬧的氛圍，甚至是母親喜極而泣的神情……但問到媽媽，她說她也只記得自己當時很著急地在詢問醫生：「小孩長得漂不漂亮？長得像誰？」

關於「視覺胎教」有此一說：孕婦要多看帥哥美女還有可愛嬰兒的照片，小孩子就會長得好看。她的擔憂來自於她的工作環境，懷孕時期她正在參與演出紅遍大街小巷的《綜藝一百》＊註一短劇節目，每天接觸到的都是些搞笑諧星，絕對不是什麼帥哥美女，也難怪她會怕我長得太有喜感；畢竟是女兒嘛，還是漂漂亮亮的好。

拜長青節目《婆婆媽媽》＊註二之賜，我的媽媽在當時算是台灣頗有名氣的喜劇演員，但生為名人的小孩，在人生起跑線上似乎沒辦法享有特權。

以足月出生的嬰兒來說，我的個頭實在很小，體重不足兩千公克，哭喊的聲音也算不上響亮。醫生說我皮膚很白、小臉、高鼻子，長得像媽媽，大致上一切健康；但不知是否因沒有發育完全？還是在娘胎中踢動得太用力？我右腳的腳踝骨骼與關節間沒有連結好；醫生將我環抱起來時，腳丫子居然可以三百六十度度隨意晃蕩。資深的骨科醫師向媽媽建議替我打石膏，及早治療才不至於往後不良於行；而只打右腿石膏很奇怪，不如兩腿都打！於是，我才剛出生，竟然就成為了一名打著石膏、兩腿伸得直直地躺在保溫箱的特別嬰兒。

＊註一：一九七九年於華視開播至一九八四年的節目，主持人為張小燕，曾經為當時在台灣收視率最高的綜藝節目。

＊註二：八〇年代當紅的兒童劇，由譚艾珍演出「媽媽」一角，「婆婆」則是一個布偶，由幕後操偶師操控演出。

認識三個月就閃電結婚的父母，一直都是對恩愛夫妻；
爸爸也只有在家人面前才會流露出自己柔和的一面。

母親問起爸爸，
要給我這寶貝女兒取什麼名字？
爸爸說：「就叫『歐陽蘭葩』吧！ 代表蘭花中的奇葩！」

母親問起爸爸，要給我這寶貝女兒取什麼名字？
爸爸說：「就叫『歐陽蘭葩』吧！代表蘭花中的奇葩！」

風趣的爸爸是為了逗笑醫院診間的年輕護士，卻讓媽媽氣到脹紅了臉。最後，我被命名為「歐陽嘉鴻」，沒錯，「嘉鴻」，這個很像某間港式燒臘店會使用來當店名、而且筆畫超多的男性化名字，只因為來自香港的爸爸覺得用粵語發音念起來很順口。於是，我當了整整十九年的歐陽嘉鴻，直到成年遭遇人生重大轉捩點才更名為現在的「歐陽靖」。

父親是個很特別的人，他出生於書香世家，我祖父是大學英文教授，他的兄弟也個個都是學者、科學家；但爸爸卻輟學跑去混流氓。他的生活習慣不好，抽菸、喝酒、嚼檳榔……說話還句句出口成「髒」，似乎沒有帶個「髒字」就不知道該如何造句接話。他對人很凶、脾氣很大，卻重情重義又愛家。他在過去服刑的歲月曾飽讀詩書，寫了一手好書法，國語、粵語、閩南語都說得流利。而左手臂的「黑龍」圖騰刺青，是我對他印象最深刻的地方。

媽媽說她當初就愛上爸爸的豪氣、男人味，與幽默的言談。

「當時可是有華航機長在追我呢！」回憶起年輕歲月，她流露出驕傲自信的神情。但她終究選擇了我爸爸，才認識三個月即不顧家人反對閃電結婚，連婚戒都沒買。結婚三年後才生下我。對於我來到這個世界上，他們滿是感動與期待。

我小時候抱著《婆婆媽媽》的「婆婆」玩偶，身旁還有當時紅極一時的「孫小毛」人偶。

小時候每年都會跟著爸爸到合歡山「約會」，我常說未來要嫁給爸爸。

黑衣人與父親的病危通知單

我所出生時的民國七十二年，台灣還處在戒嚴時期。政府為了掃蕩國內幫派勢力，時任內政部長的吳伯雄依據《取締流氓辦法》於翌年宣布施行「一清專案」＊註三。而在此之前，警察早已開始拿著名冊祕密查訪清單上的幫派人士，被抓到的黑道分子不須經過審訊即可直接被收押管訓。有黑道高層背景的爸爸，必然也在「一清」名單之列。這有違憲法、罔顧人權的專案提出了四千名整肅對象，也替往後的台灣社會帶來了重大不良影響，對組織具有約束力的黑道大哥紛紛入監服刑，幫派倫理大亂，流血鬥毆、販毒事件頻傳。

媽媽說，在我出生前幾個月，爸爸莫名其妙地生了一場重病……他的左膝蓋壞死，手術切除後病情也全然不見好轉，醫院甚至數度發出病危通知，讓即將臨盆的媽媽身心極度煎熬。

某一日，兩名穿著整齊便服的陌生黑衣客來到爸爸的病房之前，小弟見狀後立刻通知母親。媽媽心裡有數：這些黑衣客，是警方的人，他們是來探查是否有將我父親帶去服刑的必要。

「歐陽先生的身體情況如何？」黑衣人禮貌地詢問面容憔悴的媽媽。母親只是搖搖頭，並拿出醫生開立的病危通知單。爸爸當天還是處於重度昏迷的狀態，也不知道過得過不了今晚。黑衣人看了看病危通知書，對母親說：「嫂子請保重……」然後轉身離去。

他們知道，並沒有將一個不久於世的病人抓走的必要。也不知怎麼的？當晚父親奇蹟似地甦醒了過來而且神清氣爽，家人、醫生都擔憂著這是「迴光返照」的徵兆，而爸爸更是心裡有數……他咒罵著老天爺，為何不讓他多陪陪自

＊註三：一九八四年由台灣戒嚴時的警備總部主導，依據《台灣省戒嚴時期取締流氓辦法》執行的重大治安政策。由於遭到逮捕者無須經過法院審判，就可直接裁定管訓，因此後來引起很大的違反憲法爭議。

己的家人、看看自己未出世的女兒？

「如果你多給我幾年，我就退出江湖！我會為這個世界做很多事！」三更半夜，他以淒厲的語氣獨自在病房內怒喊著、顫抖著，這是他此生對命運做過最嚴厲的控訴，他寧願拋下所有權力、拋下一切榮華富貴，也想多換得幾年與家人相聚的時光……隔日，父親竟然奇蹟似的痊癒！他的病因與好轉的確切因素，至今依然不明。

因為這場重病，爸爸僥倖逃過被遣送外島的牢獄之災；因為堅強的求生意志，他活著目睹我來到這個世界。切除左腿膝蓋的爸爸雖然往後都須拄著拐杖，但老天爺終究讓他多陪伴了我十一個年頭。父親在這十一年的陪伴中，影響我好大好大。

媽媽苦笑說：「妳爸爸是左膝蓋拿掉，妳一出生就右腳踝關節斷掉；你們父女倆到底是什麼命運啊？」

我們一家人留在醫院復健，待到了我一歲才出院。雖然我出生的前後並未給這個家庭帶來平靜，但我卻幸運地能浸淫在父母滿滿的愛裡。

與流浪動物們共同成長的清貧童年

自有記憶以來，我的家中就已經有不少動物了，有體重比兩個成年人還重的巨大聖伯納犬，也有聰明而極具靈性的拉薩狗。愛動物的爸爸三天兩頭總會

**「不能做的事情就是不能做，
我才不會因為怕死就跟他們妥協！」
媽媽散發出堅韌而不服輸的氣勢。**

帶著新成員回家，剛開始只是小狗，後來連老鷹、貓頭鷹他都能帶回來！如果要真正列舉出我家飼養過什麼動物？應該就是狗、貓、鵝、文鳥、九官鳥、老鷹、貓頭鷹、海龜、海鰻、天竺鼠、松鼠、飛鼠（鼯鼠）、山豬、熊、猴子、樹蛙、蛇……幾乎是當時所能想像得到的台灣野生動物，我家都養過。當然，這一切都是在《野生動物保護法》成立通過之前，萬般不得已才被我們收容下來的可憐動物。

二十幾年前的台灣，無論在夜市、街頭都能見到兜售野生動物的小販；這些野生動物被獵人從原本棲息的地方捕捉而來，若牠沒死於外傷、舟車勞頓、傳染病，只要尚存一息就會被公開販賣。大多顧客買下牠們的目的，是為了擁有值得向人們炫耀的珍奇寵物，但有些顧客買來卻是為了食用或是覬覦牠們的皮草……

我們曾在路經山產店時，見到一隻小熊被關在極狹小的鐵籠內，一問之下，才知道他們打算將這隻小熊的熊掌砍斷拿來烹煮、順便抽取熊膽高價販售。經過父親的斡旋，我們買下這隻小熊，並把牠轉交給台北市木柵動物園的專業人士飼養。雖然我們救了一隻小熊的命，但在當時，產業道路上一整排標榜著「山珍（野生動物）」、「香肉（狗肉）」的小吃店招牌還是令人感到怵目驚心。

記憶中，媽媽總三天兩頭跑到議會、跑到市政府抗爭，有時候還會有在野黨議員來到家中，向父母請益第一線動保人士所遭遇的困境；後來我才知道，父母是在為推行《動保法》而努力著。

「那時候有賣狗肉的黑道威脅我不能鼓吹通過《動保法》，說會讓我死得很難看，但不能做的事情就是不能做，我才不會因為怕死就跟他們妥協！」媽媽對我敘述起當時的辛苦過程，依然散發出堅韌而不服輸的氣勢。

這隻名為「悟空」的小猴子，曾是身為獨生女的我唯一的玩伴。

這隻體重比兩個成年人還重的巨型聖伯納，是我小時候的貼身保鑣。

小時候家中飼養的蛇。或許是因為與許多動物一同成長的關係，我幾乎沒有什麼害怕的東西。

我與家中的貓頭鷹（現在台灣飼養台灣角鴞是違法的）。

擔任中醫師的爸爸晚年身體狀況並不好，但他依然投注所有心力在照顧流浪狗貓之上，也會到鄉間替窮人義診。

流浪狗和受排擠霸凌的小學三年級

在我出生後，爸爸一如諾言退出江湖，他改做起餐飲小生意，過著簡樸的生活。

爸爸是個外表非常「凶惡」的壯漢，即使瘸了一條腿，只要狠狠瞪人一眼，幾乎沒有人不會被嚇到魂飛魄散。但奇怪的是，他非常喜歡小動物，尤其是狗。他說：「人不會講義氣，但狗永遠不會背叛你。」他在路邊見到可憐的流浪狗，總是無法放下心；也因此，他開始不斷地撿流浪狗回家飼養。

幼稚園時期，我們住在光復南路上的松山菸廠宿舍（現在的台北市松菸文化園區），當時家中就養了不少狗。有一天晚上，我們全家到外頭吃晚餐，回家後卻眼見慘絕人寰的景象……有六隻大狗口吐白沫，慘死在院子之中。事後父母經過調查，知道是鄰居從圍牆外丟入混了老鼠藥的食物、蓄意將狗毒死。得知這個結果的父母卻沒有憤怒，也沒有打算揪出可惡的凶手，他們只是悲傷地說：「是我們害死了牠們，我們不應該在都市社區中養這麼多狗……雖然我們很愛狗，但不能強求鄰居也接受牠們，狗總會叫、總會吵鬧，有很多人是受不了的……都是我們的錯……」

沒多久後，由於配合松山菸廠的都市更新計畫（現將改建為台北大巨蛋），我們隨即搬遷到台北縣（現在的新北市）深坑鄉，租下一塊有較大院子的空地，又收養了更多流浪狗。

當時台灣社會有個很糟糕的流行現象，就是一旦電影、明星帶起某種犬種的風潮，繁殖場就會大量繁殖、民眾大量購買，等到新鮮感沒了，街頭就開始陸續出現各式名種犬的流浪狗。聖伯納、可卡、拉不拉多……曾經身價上萬元的純種犬，紛紛被主人拋棄而淪落街頭，染上皮膚病、心絲蟲、骨瘦如柴。心軟的父親不斷將牠們帶回家，而親身照顧的重責大任，卻全部交由媽媽來負責。媽媽因為不忍心傷害生命決定改吃素食，我們家人也是全力支持。

十隻、二十隻、三十隻、四十隻……六十隻……家中的流浪狗越來越多，媽媽終將無法分身拍戲賺錢養家。記憶中爸爸的身體狀況一直都很不好，他先後罹患糖尿病、腎臟病，都是醫藥開銷很大的慢性疾病；犬隻的飼料費、醫療支出也相當驚人。惡性循環之下，我們只能靠不斷地借貸以維持生活。最後，我們搬到石碇鄉的茶園地，自己蓋了間鐵皮屋養狗；那兒空間雖大但沒水沒電，每天也只有一班公車會經過。我們家沒有電視可以看。當肚子餓了，媽媽會到院子摘自己種的蔬菜來吃，有時候多少也得靠鄰居接濟。

某次強烈颱風來襲時，爸爸留在台北市工作回不了家，只剩我跟媽媽兩個人留守家園。深夜狂風吹拂，鐵皮屋的屋頂就像隨時要被掀起來一樣的上下震盪……媽媽大喊：「要是鐵皮屋頂飛起來就糟了！飛出去會傷害到無辜的人啊！」

她指示我安撫家中的大狗，而她卻爬上梯子，徒手拉住連結屋頂的鐵繩……她的雙手被刮到滿是鮮血，赭紅色的血液就順著她的雙臂緩緩流下，但她依然沒放掉手中的鐵繩……那一夜是我永遠都忘不了的景象。

我就讀於當地的某所公立小學，那是間全校師生只有一百多人的迷你小學校。我每日都得獨自步行一小時的路程上下學，不過有時候會有隻小白狗陪著我。或許是身為名人小孩的必然原罪？學校老師總會特別關照我，但也因此讓我受到同班同學極大的排擠，甚至是霸凌。小學三年級時，我曾短暫罹患恐慌症，每天都會不由自主地不斷地哭泣……但眼見父母忙於照顧大量流浪狗、無論是身體或精神狀態都緊繃到了極點，我根本沒有辦法對他們說出自己在學校被欺負的事情。我默默把這些委屈吞進肚子裡，一直忍著、憋著，在心中造成了一個好大好大的陰影。

無比艱辛的人生起跑線

由於長期的借貸度日，小學五年級時，我們家欠下高達數百萬元的債務，這在當時是個很難償還的數字。雖然對小孩子而言依然搞不太清楚什麼「法院拍賣」的法律程序？但親眼見到自己的家門被貼上封條時，我依然產生了巨大的恐懼與怨念。

「為什麼我的父母是在做好事？卻要落得這種下場？這個世界上有很多壞人，他們會拋棄生命、會不負責任……我的父母是好人，但好人應該有好報啊？為什麼會搞到窮愁潦倒？」我小小的心中，一顆負面思想的種子開始萌芽。

爸爸的健康狀況每況愈下，但他在餵養流浪狗之際依然去上課苦讀並考取了中醫師執照；他在鄉間替沒錢上醫院看病的老人、窮人義診。他總說自己這條命是跟老天爺換來的，他要在有生之年努力幫助別人。

一個冬日卻晴朗的午後，爸爸在房間睡午覺。他將我喚進房間替他抓抓背後滿足地說到：「今天睡得真舒服，我要再多睡一會兒！」

我到客廳寫學校作業；留下了幾道數學習題，打算等晚飯時間再順便請教

我的人生起跑線並不平順，
但似乎就在預告著我未來將要完成的；
是一場無比艱辛的馬拉松大賽。

爸爸。然後到了傍晚，煮好晚餐的媽媽走進爸爸房間後卻驚叫一聲……我隨即跟過去，只見爸爸面容安詳地躺在床上，雙眼微闔；在那刻，我確定他已經離開這個世界了。

在我來到人世前，爸爸差點因病去世，而不知是否為冥冥之中自有安排？爸爸多活下來的這些年，拯救了無數生命。我認為他之所以會收容這麼多流浪狗，甚至讓自己與家人陷入窮困之中，是憑著一股強大而單純的愛與執著。他改變了媽媽、改變了我、改變了好多人一生的思想。

爸爸走後，我拿著數學作業站在他的身邊，只哭了整整一個小時；這冷靜反應對於一名十一歲的孩子而言似乎有些反常？但我相信，爸爸是壽終正寢而值得慶幸的。他雖然沒有享受到實質上的榮華富貴，但他實踐了一個人之所以生而為人的美德——幫助其他的人。直到現在，我依然認為自己之所以可以突破生命中的重重難關，就是因為受到父母身教的影響，他們讓我見識到勇氣的真諦。

我的人生起跑線並不平順，但似乎就在預告著我未來將要完成的；是一場無比艱辛的馬拉松大賽。

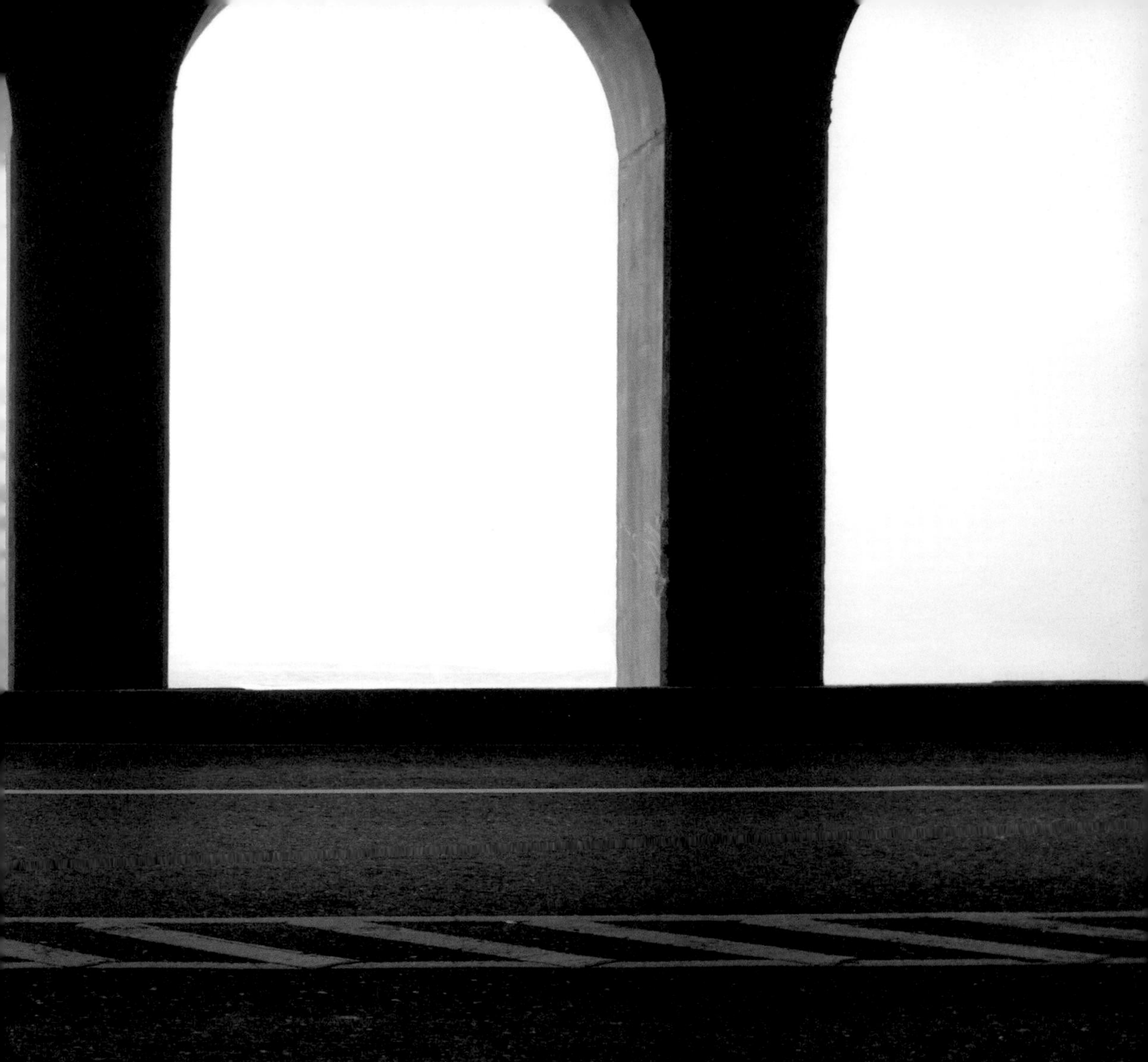

「奇蹟不在於我跑完了。
奇蹟在於我有勇氣起跑！」——跑者、作家．約翰·賓漢

"The miracle isn't that I finished.
The miracle is that I had the courage to start." —— JOHN BINGHAM

2-2

HITTING THE WALL

撞牆期

異常長時間持續的運動，由於能源的消耗殆盡，運動者產生相當難受的生理與心理痛苦現象。

愛吃美食的我從小學三年級就開始發胖，體重一直持續上升到國中三年級；當時家中還有隻很胖的貓咪與我作伴。

愛吃東西不愛運動的抑鬱六年歲月

我從小就很愛吃東西，算是個天生的美食主義者，當同年齡的小朋友都在瘋麥當勞的時候，我卻嫌棄它乾癟的滋味與福樂漢堡排相差太遠；就算快樂兒童餐附上再多玩具也無法賄賂我挑剔的味蕾。為了飼養流浪狗而住在鄉下的那段期間，我著迷於台灣美食滷肉飯的滋味，當時一碗白飯只要五塊錢，但澆淋上晶亮的豬油醬汁後……每餐要我吃上兩大碗公都不成問題！

個性內向的我愛吃不愛動；我寧願在下課時間閱讀課外讀物、畫畫漫畫，也不願意到操場跟同學一起玩鬼捉人遊戲。由於出生時的腳踝缺陷，父母也不鼓勵我從事激烈運動。我一如預想中的越來越胖，當小學三年級時已經是全班體重最重的女生了，這個紀錄一直保持到國中三年級，我國中時的身高是一百五十三公分，體重卻有七十二公斤。同學們替我起了個綽號叫「歐羅肥」，意指餵豬吃的增胖藥品，也剛好和我的姓氏「歐陽」諧音。

「歐陽嘉鴻是『卡門』！門都會被她卡住！」

「不是啦，她是『阻街女郎』，胖到整條街被她擋住了！」

十六歲之前，無論同學再怎麼拿身材議題嘲笑我，我也不以為意，自己唯一感受到肥胖帶來的困擾只有在體育課的時候。我的反應慢，打籃球投不進球、踢足球踢不到球，體積大更是讓我成為被躲避球攻擊的頭號目標。「運動」總帶給我很大的自卑感，我會因此而蹺課，卻會被體育老師要求跑操場作為處罰。

「跑步＝處罰」，對當時的我來說是絕對的道理，我痛恨跑步到了極點。

十六歲之後，正在準備高中聯考的我似乎感受到青春期荷爾蒙的變化，我開始想要穿漂亮的衣服、想要談戀愛。我趁著在補習班讀書的時候進行斷食減肥法，每天只喝果汁與優酪乳、完全不吃固體食物，暑假兩個月過去，我居然瘦了二十公斤！

意料之外的是，瘦下來的這二十公斤徹底搞壞了我的身體。我的生理期停止、淋巴腺四周出現乾癬與異位性皮膚炎、便祕、貧血、失眠、自律神經失調……逐漸地，我連情緒都受到了影響，再也無法享受到美食帶來的滿足與快樂。最後，我得到厭食症，高中一度爆瘦到四十三公斤（身高一百六十三公分），連走在路上都會有隨時暈倒的風險。

不要從外表去判斷一個人的品德

我認為吃東西是罪惡的、讓自己快樂是罪惡的，我討厭這個社會、討厭這個世界。高中填寫的「人格測驗量表」證實了我心態上的偏差思想，當時學校老師對於抱有「極度反社會傾向」的我感到十分頭疼。我也對於總是負面思考的自己感到厭惡、感到自卑、感到無助……

父親與女兒永遠是前世的情人，情緒低落時我總想起爸爸，但最愛的爸爸卻早已離開人世。為了表達對他的思念，我決定去紋身；就像記憶中他左手臂上的那條黑龍刺青。許多人對於紋身抱有負面觀感，如此的形象也容易與黑

十六歲開始，我發覺自己胖得並
不快樂，拍照時臉上少有笑容。

因為罹患厭食症，我最瘦時體重是四十三公斤，當時完全抗拒飲食，甚至認為讓自己吃飽是種罪惡的事。

道、幫派分子連結在一起；但是由於爸爸的緣故，我從小就對「刺青」這件事持正面態度。事實上在爸爸過世之後我便立刻興起了紋身的念頭，但當時我才小學五年級。就算我自己能釐清「不要從外表去判斷一個人的品德」這道理，但社會輿論似乎不是這麼想的。受鎂光燈矚目本來就是藝人子女的原罪，在我刺青之後，媒體紛紛將我冠上「叛逆」、「壞小孩」等罪名，甚至影射我加入黑道幫派、吸毒、未婚墮胎。

當時在「奇摩家族」網路社群正熱門的時代，有一個家族名稱為「為什麼討厭歐陽」，成員有八百多人，裡頭的討論話題令人不堪入目。我永遠記得有位網友寫了一句話：「你看譚艾珍做了那麼多好事，還不是生出這種小孩？」我看了覺得好痛好痛好痛……

因為我對這個社會的不理解，讓媽媽無端遭受池魚之殃……但我也怨恨自己的出生，只因為比較後產生的相對剝奪感。為什麼我就必須是名人的小孩？為什麼其他藝人的小孩可以在國外成長，我卻因為家裡太窮，只能選擇在媒體的放大鏡檢視之下度日？既然父母想要飼養這麼多流浪狗搞到家破人亡，他們當初為什麼要把我生下來？我存在這個世界上到底能做些什麼？除了媽媽之外，這世界上沒有人喜歡我、沒有人在乎我……大家都在等著看笑話，都在等著看我墮落……

我痛恨這個世界、痛恨自己的人生……終於，我察覺自己罹患了重度憂鬱症，就算遍尋名醫，也只能依靠鎮靜藥物來控制躁鬱、厭食、暴食等生理失衡症狀，甚至是「不如歸去」的黑暗想法。我看不到明天、看不見未來，內心充斥巨大的憤怒。

生存在最大的混沌之中，
我的命脈就是猥褻。
誰是最具猥褻性的制裁者？

世紀終焉，
我們即將寫下另一篇聖經；
而我所認為的最高罪惡，
就是一無所有。

——寫於一九九九年

在重度憂鬱症時期，
我拍了很多怵目驚心的照片。

我在憂鬱症時期曾寫下不少字句，而文字創作是我唯一的救贖。整整六年，我都在奮鬥著，我希望自己可以痊癒，卻始終抓不著施力點。十幾年前，大家對「憂鬱症」尚有許多誤解，當我選擇向大眾公開自己的病情後，卻只得到三個字的評論——「草莓族」＊註一；因憂鬱症而輟學離開高中校園的我，成為了千禧年初的草莓族代表人物，也就是最不值得被學習的年輕人範例。大家認為我吃得飽、穿得暖，憑什麼鬱鬱寡歡？他們所不知的是，其實每一位憂鬱症患者心中，都有一個好大好大的黑洞，與不被人理解的自卑與失落。

媽媽曾經試探性地詢問她的朋友：「我女兒得了憂鬱症，該怎麼辦？」沒想到朋友卻回應她：「妳女兒以後還要嫁人！不要說出去！」

＊註一：「草莓族」一詞意指抗壓性很低的年輕人；就如同草莓一樣長得漂亮，但輕輕一擠壓就會爛掉。

最終，媽媽選擇獨自與我一同奮戰，這六年間我們培養出無與倫比的革命情感，也因為她對我的愛與永不放棄，讓我決定積極尋找活下去的意義。

妳們不可以就這樣死掉！

我在十九歲時從「歐陽嘉鴻」更名為「歐陽靖」，因為「靖」這個字所代表的意義是「安定、平定」，我希望自己的心念能平定下來。

二〇〇四年，發生了件令我感到五雷轟頂的重大事件；我的兩個朋友分別在十天之內自殺身亡……

她們都是憂鬱症患者、都在服藥、都有情殤；但她們也都是很有能力的人，一個美麗漂亮、一個極有才華。倘若她們活了下來，將來一定能為這個世界帶來很多很多美好的事物，但我只見她們的父母哭到肝腸寸斷……這六年來，我一直壓抑著自己的情緒、一直往負面思想的死胡同鑽，但現在我就像宣洩似的嚎啕哭喊：「妳們為什麼要這樣？妳們不可以就這樣死掉！」

當下，我立誓要走出憂鬱，我的心中從來沒有產生過如此巨大的意志力。人生已經沒有退路了，如果不好起來就是死路一條，我不能像她們一樣讓媽媽傷心，不能讓那些評論過我、傷害過我的人們稱心如意。我要活下去，我要重新展開自己的人生；我也要延續她們的慧命，替朋友們好好活下去！

「我要活下去！」我激動地告訴母親。

她欣慰地點點頭，對我說：「我們一起來努力！」

「我要活下去！」我激動地告訴母親。
她欣慰地點點頭，對我說：「我們一起來努力！」

雖然這求生意志帶有些許怨恨與不甘心，但我確實憑著這股力量戒斷了鎮定藥物；就算斷藥過程中身體產生了極大的痛苦（戒斷症狀），卻因為沒有退路所以只能前進。

兩年之後，我重新奪回意識的自主權，再次站上人生的起跑點。但我所不知道的是：這段戰勝憂鬱症的經歷，居然會成為我未來完成全程馬拉松的契機……即使我當時連一公里都跑不了。

馬拉松？

回到真實世界後，考驗才正要開始。

我學歷不高，但出社會出得早，也算做過不少工作。我的第一份職業是美式餐廳服務生，後來轉到夜店做領台人員，也兼職平面模特兒，再後來則因為對攝影產生興趣，做了兩年的相片沖印師。在憂鬱症痊癒之後，我曾試圖跨足自小就因耳濡目染而孰悉的演藝圈。某次上通告節目時，卻被名嘴當場評論：「這些『藝二代』就是因為沒有其他的專長才會選擇進演藝圈。」

難道只因為荒廢六年；我就再也找不到自己的人生舞台了嗎？我突然想起自己喜歡文字創作，因此花了短短四個月完成一本超過十一萬字的長篇小說《吃人的街》，主題是科幻、存在主義，算是一部相當自溺的純文學作品。這本小說的銷售量並不好，舉辦第一場簽書會時只來了六名讀者；但我依然對於有能力完成長篇小說的自己感到驕傲。

「我想成為一名文字工作者！」我立定了自己長久的目標。

那一頭鑽入文字創作的四個多月中，由於飲食作息都相當不正常，我足足胖了七公斤……體重來到將近六十公斤。為了減肥、又不需忌口太多，我決定每天晚上都去快走個一、兩公里以消耗熱量。畢竟憂鬱症痊癒後，我難得重新找回對美食的熱愛，我再也不想為了體重而放棄人生中最快樂的享受。

剛開始，我走不到一圈國父紀念館就滿頭大汗，後來可以走個兩圈、三圈……再後來，我可以提起腳步，慢慢地跑個半圈。在那兒跑一圈恰巧是一點四公里，很容易計算。園區內附有兩間公共廁所，還算是燈火通明；跑者汗濕了，便能就地在公廁梳洗。

二〇一〇年，我開始重回舊業，零散地接下一些平面模特兒工作，或許是由於身上的刺青較不同於大多數模特兒的暗黑風格？我常常接到國外設計師品牌的案子，其中包括我相當崇拜的日本服裝設計師——高橋盾*註二先生。某次在香港的公開活動上認識了高橋先生，他問我說：「妳有在跑步嗎？」

我直覺性地回答：「有的！」

他又問我：「妳有在跑馬拉松嗎？」

*註二：日本時裝品牌UNDERCOVER的設計師，也是一名馬拉松跑者。

「我想成為一名文字工作者！」
我立定了自己長久的目標。

馬拉松？什麼是馬拉松？……對了，就是跑很長很長的距離！我發愣了一下，然後搖搖頭。

「那妳一定要嘗試看看！」

前一年在檀香山以漂亮成績完成初全馬的高橋先生，一提到「馬拉松」就神采飛揚，與其友人的言談內容，也全都是該怎麼練跑、哪裡可以練跑等關於馬拉松的話題。而他全身滿是刺青、穿洞，散發出一股具文藝氣息的潮流感，這個如搖滾樂手一般的外在形象無論是與哪種運動都不太相襯。但令人感到意外的是，他完全投入於長跑的樂趣之中；這份衝突感帶給我很大的震撼。

我回到台灣，開始上網搜尋關於馬拉松的資訊，才知道原來全程馬拉松是42.195公里、喜歡跑馬拉松的名人包括知名作家村上春樹＊註三。雖然我因此產生了一些興趣，包括想理解長跑跑者所追尋的「腦內啡」到底是什麼？但四十二公里對我來說實在是太過遙遠的距離。

持續跑了近三十年全馬的村上春樹說：「我寫小說的方法，很多是從每天早晨在路上跑步中學來的。」

長跑能帶給創作者什麼樣的力量？而全世界又為什麼有這麼多人著迷於長跑？包括我所景仰的高橋先生居然也是名馬拉松跑者……馬拉松到底是個什麼樣的東西？我似乎感到更加好奇了。

＊註三：日本當今文壇最具影響力的小說家，曾被數度提名諾貝爾文學獎。村上春樹有三十年以上的全程馬拉松經歷，也跑過超級馬拉松。

譚大寶

如果我記得沒錯的話，當小時候家中同時有近百隻流浪狗時，我們依然能辨識哪隻狗是哪隻狗、叫做什麼名字，外觀沒什麼特色的小白狗就叫「小白」，另一隻叫「小小白」，後來又撿到長得相像的白狗，就取名「小小小白」；會陪我走路上下學的就是「小小小小白」。飼養大量動物雖艱辛，但事實上趣事也不少，至今我依然認為在經濟狀況允許之下，每個家庭都應該要有毛孩子成員。寵物能帶給主人的不僅是陪伴，有時候，牠甚至是改變你人生的關鍵點。

一九九八年的冬天，我正就讀於國中三年級；媽媽將一隻黑白花色的幼貓帶回家中，她說這隻小貓是在內湖附近撿到的，身體狀況極差，現在只能靠打營養針每天加護照料，試試看能否脫離險境平安長大。

「前幾天寒流來，我就看牠一隻小貓孤伶伶坐在路邊，結果我把牠拎起來時發現牠居然全身僵硬、動也不動……醫生說牠已經差點失溫而死了……」

媽媽說要盡人事聽天命，如果這隻小貓能存活下來，我們就當作中途之家，把牠轉送給善心人士收養。當時家中已經有兩隻貓咪，我又將準備高中聯考，多照顧一隻貓其實會增加一些時間支出；而與我們同住的外婆也很在意清潔問題，於是媽媽並不打算把這隻黑白小公貓留下來飼養。

經過一個多月的細心照料，小貓咪的身體狀況逐漸好轉，牠從一隻食不下嚥、每天都拉肚子的小病貓；成為能在家具間跳上跳下的活潑男孩。但令人感到不解的是，這隻小貓似乎不太給救命恩人面子？牠每每只要看到我媽媽靠近

無論何時替譚大寶拍照，牠都總會看著鏡頭，表現出
一副男子漢般的氣勢，事實上卻相當膽小。

就會嚇得齜牙咧嘴，然後表現出一副威嚇的模樣；就算面對外婆，牠也是同樣的反應。我們都以為這隻小貓不親人，應該很難送養，直到某日我與牠獨處時才發現事情並不是這樣。那個下午只有我跟牠待在家中，當時我只是試探性地蹲在地上對牠喊著「小貓咪～」，沒想到牠居然做出超乎意料的反應：牠一邊喵喵叫、一邊跑過來跳進我懷裡！這可愛的行徑簡直讓我的心都快融化了。

在我出生之前家中就已經有動物存在了，動物對我而言與其說是「寵物」，倒不如說是「家人」，牠們就像是我的兄弟姊妹。也因此，我從來沒有對父母做出過「想要飼養某一隻動物」的要求，但現在，我真的捨不得媽媽把這隻小貓咪送給別人。「我可不可以把牠養下來？」在媽媽回到家之後，我決定直接問問看！

「可以是可以啊……但為什麼呢？」

「因為……因為牠的黑白花紋長得好像殺人鯨喔！我最喜歡殺人鯨了！」

雖然我說了一個超瞎的理由，但也讓媽媽決定將牠留在家中。外婆替牠取名「大寶」，意指牠個子大膽子小（這是以前眷村常見的綽號）；在我們家還有個不成文的規定：公的寵物要姓譚，於是「譚大寶」正式成為了我們家的一份子。剛開始，我還以為牠對我來說的意義只在於「我真正的第一隻寵物」，沒想到後來牠卻是個如同我親生弟弟一般的存在。

剛開始，我還以為牠對我來說的意義只在於
「我真正的第一隻寵物」，
沒想到後來牠卻是個如同我親生弟弟一般的存在。

牠的體內有顆好大好大的腫瘤

我之所以會跟大寶這麼親密，應該是由於一九九九到二〇〇五年那段六年的憂鬱症歲月；就算媽媽忙於工作無暇陪我聊天，我只要心情不好、感到失落、感到挫折，我就會抱起譚大寶。抱著牠時那種柔軟而溫暖的感覺，總帶給我無以倫比的撫慰。

就如外婆一開始替牠命名為「大寶」的原因一樣，牠真的個子很大、膽子卻很小，牠怕陌生人、怕高、怕逗貓棒，不敢爬上陽台，也不敢踏出家門半步。夏天是牠最恐懼的一段時間，每當遇到有午後雷陣雨的日子，牠總會把頭抬得高高，在家中離戶外雷擊聲最遠的一角「面壁」不動。牠還曾經只因為瓦斯搬運工來到家中就嚇到屁滾尿流……最後選擇把頭埋進空紙箱，只露出一個大屁股。

譚大寶體重最重的時候是九公斤，但是卻算不上很胖，牠也是我所見過體型最大的黑白花色混種貓。由於牠的外型帶有濃濃「中年阿伯」般的喜感，我決定替牠成立臉書專頁，每天上傳牠的有趣照片，短短數個月內粉絲數就達三千人之多。

如同牠為網友帶來的歡樂，大寶為我帶來的療癒力是無法取代的，無論是在化解憂鬱症時期的負面情緒，亦或是病癒之後重回職場的壓力；我在精神層面一直相當依賴大寶，甚至到了對牠放不下心的地步。在我二〇〇九年開始進行文字工作之前，曾一度想離開台灣，到日本打工遊學，但卻因為捨不得長時間離開大寶而作罷。表面上是我擔心牠，事實上，我是在依靠著牠；我無法想像沒有大寶的世界是什麼樣子，如果大寶不在了，當我傷心難過時該怎麼辦？

事實是：毛孩子必然會比我們提早離開世界，這一天總會到來。二〇一一年十月份的深夜，大寶突然趴在地上喘得上氣不接下氣、看起來相當痛苦……即使我跟媽媽立刻將牠送往獸醫院急救打針、放進氧氣箱中，情況依然沒有好轉。當大寶的X光片沖洗出來後，我們嚇了好大一跳……牠的體內有顆好大好大的腫瘤，腫瘤壓迫肺部，已經到了無法救治的狀態……在過去十三年間，我們一直以為牠作嘔的姿態只是一般貓咪吐毛球的常態，沒想到那卻是因為腫瘤逐漸長大、壓迫內臟，牠自己去調整身體不適感的行為。沒錯，這是癌症，沒想到大寶居然得了癌症……

過幾天後，我即將啟程前往日本東京，完成一件我夢寐以求的模特兒工作……大寶的窘迫病情，一下子將我從天堂般的幸福感拉回現實。

在獸醫院的這幾天，我一直見到牠因為呼吸困難而驚慌失措的神情……牠不吃不喝，眼神中充滿惶恐……由於不忍大寶繼續痛苦下去，我們決定在牠的腫瘤完全侵占肺功能之前替牠進行安樂死……這個重大決定讓我重新思考起生命的意義。我身旁的人曾因抑鬱而求死，但我為了保有生命的尊嚴，決定以平靜的方式送走自己最愛的弟弟。生命的開端與結束真的好複雜……當一想到自己以後永遠無法抱著大寶撒嬌時，我心中滿是不捨與思念……

在大寶生命的最後一刻，我緊緊抱著牠，一直不斷對牠說：「謝謝……謝謝……姊姊好愛好愛你……謝謝你陪我走過這十三年……」

我們將牠火化，骨灰灑進替爸爸海葬時的同一塊海域；未來當我離開後，也要永眠在那個地方。就如同對爸爸的感覺一般，我對大寶的生命懷抱滿滿感謝之情……我知道自己接下來將必須變堅強……

翌日，我獨自前往東京工作；而在東京街頭為了宣洩思念情緒而奔跑的那一夜，再度改變了我的一生。

這是大寶最後一張照片，十三歲的牠當時正在我房間睡覺，看起來並無異狀……沒想到過幾天之後，牠就離開這個世界了。

奔跑在東京街頭的那一夜

二〇一一年十月三十一日，東京南青山三丁目、梅窓院附近。

這個深夜，我獨自跑著。當晚氣溫攝氏五度，飄著小雨，我將步速保持在不會氣喘吁吁的狀態，大約每公里七分鐘左右。當雨水滴落到額頭、臉頰等外露表皮時依稀會感到有些刺痛，但冷冽對我來說終究是現實而正面的感觸，至少能讓我暫時抽離迷茫與心痛間的掙扎。

東日本大地震後核電廠紛紛關閉，為了節省能源消耗，關東地區正在進行無限期「節電」措施；深夜路燈歇息著，高級商業區也沒幾家便利商店營業著。夜跑路程中最亮的一隅，居然是展示著一台「萬聖節南瓜色塗裝 Tesla Roadster 跑車」的櫥窗，雖然搭上了環保議題，但依舊稍嫌囂張狂放。南青山是東京數一數二的高級商業區，走在街頭的人群無一不散發著自信與愜意的氛圍，過去來到這個地方，總會因自慚形穢而感到畏縮卑怯；但現在向四周張望，隨處張貼的「原發撤退（反對核電）」海報，似乎與街角高級義大利餐廳的清水模牆面顯得格格不入。由於一場巨變，我所熟悉的日本逐漸改變了自己的樣貌；並非向下沉淪，而是因失去退路而被迫成長、被迫茁壯、被迫變堅強。

跑著跑著，我瞥見好幾名身著專業裝備的跑者從身邊呼嘯而過，這情景在台灣並不常見。或許，他們是在為了不久後的檀香山馬拉松（Honolulu Marathon）做準備？也或許是為了數個月後的東京馬拉松（Tokyo Marathon）？

這晚，我本來期許自己可以平靜地人跑一場，但我依然戰勝不了自己的脆弱，無論是就心靈或體能層面去論述。

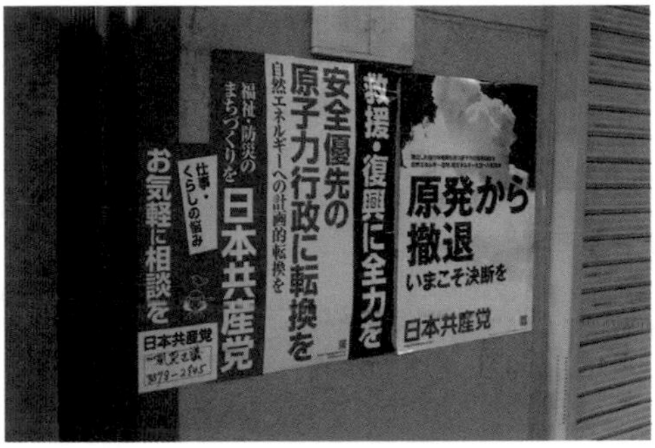

2011年10月，東京高級商業區南青山街頭隨處可見的「原發撤退（反核）」海報。由於一場巨變，我所熟悉的日本社會逐漸改變了自己的樣貌，他們因失去退路而被迫成長、被迫變堅強。

赴日前一天，我剛替陪伴了我十三個年頭的貓咪大寶安樂死，這思念與不捨何能輕易灑脫？我無法輕易灑脫，於是帶著滿滿情緒，雜亂無章地奔跑著，從每公里七分鐘的步速增加到每公里六分鐘而上氣不接下氣。我開始重新思考一個生命終結之際所能臆想的點滴：「倘若我明日就會離開這個世界，能抱有什麼期許？」

對一個曾經失去所有夢想的人來說，能思考這沉重議題是幸福的。冷冽的溫度令我回想起自己最悲傷的日子，我曾經吞下多顆安眠藥、躲在棉被中、放棄生存……一直到現在，我滿懷感恩的心送走另一個生命，並以「奔跑」的姿態獨自存在於異鄉的夜。翌日，我必須擔任國際知名設計師品牌的模特兒工作，那位設計師又是我長久以來的偶像，對我來說這簡直如同美夢成真……但這一刻，我卻不由自主地流下淚來……

突然之間，我看不清路標、看不清人行步道的碎石磚，「極快樂」與「極悲傷」兩種情緒同時存在腦內震盪，包括不合時宜的孤獨感。

過去一切就像跑馬燈一般顯示在我的眼前……拄著拐杖的爸爸（其實爸爸離開我十八年了，他的長相在記憶中有點模糊）、曾因憂鬱症而孱弱的自己、離開這個世界的朋友、太早出社會所經歷的種種挫折、媽媽對我義無反顧的支持與鼓勵、抱著譚大寶時那種溫暖而柔軟的感受……我逐漸從潸然淚下轉為嚎啕大哭，即便路人如何以異樣的眼光看待我，都依然無法將我從劇烈的情緒變化中抽離開來。我對於自己二十幾年來的人生經歷感到不可思議，一個人曾承受如此巨大的壓力都能度過，而現在居然邁開大步在跑著，沒錯，「跑著」，我從來沒想過自己會「跑著」……生命是如此地不可預測……

「大寶，姊姊想要完成一件事……那件事能證明我已經變得很堅強……無論未來再碰到什麼難關，你在天上都不用擔心，因為我一定能度過！」

我想完成全程馬拉松！沒錯，四十二公里的全程馬拉松，我在心中吶喊著。即使在沒多久之前，我連馬拉松是什麼都還搞不太清楚；但我感受到高橋先生對於馬拉松的熱愛、也對他的執著感到不可思議。

「跑步這麼累，一定是神經病才會做的事。」我曾經對此不屑一顧，但現在，我相信全世界成千上萬的馬拉松跑者不是神經病，他們一定是因為某種理由才持續奔跑著……成就感？腦內啡？我完全不能理解，馬拉松這種不求勝負、只求完成的運動到底迷人在哪？又或許，重點只是在那個追求未知的過程？

我想起一句曾在書中看到的名言，出於奧運金牌得主艾米爾．扎托貝克（Emil Zátopek）＊註四之口，他說：「如果你想跑步，跑個一英里就好。如果你想體驗不同的人生，那就跑場馬拉松吧。」

從第一次在腦中植入「馬拉松」三個字開始也才不過幾個月，身邊也沒什麼正在跑馬拉松的朋友，我怎麼可能理解馬拉松將帶給我的人生什麼樣的改變？但有件事實就擺在眼前：跑步曾經是我最痛恨最痛恨的事情，這一刻，沒有體育老師逼迫我、沒有輸贏勝負壓迫我，我卻自信而自在地在東京街頭慢跑著……這似乎象徵著改變的開端？

就在立下決定後，我放慢了腳步，雨也停了下來。我佇立在已打烊的百貨

＊註四：第十四屆倫敦奧運會的傳奇運動員，也是唯一在單屆奧運會上同時囊括五千公尺、一萬公尺和馬拉松冠軍三枚金牌的運動員，有現代長跑之父稱號。

我開始重新思考一個生命終結之際所能臆想的點滴：
「倘若我明日就會離開這個世界，能抱有什麼期許？」

公司櫥窗前，凝望玻璃倒影中的自己：緊身T恤、手機臂套、短褲、跑步專用加壓緊身褲、一雙亮粉紅色的專業輕量跑鞋……是的，我看起來儼然就是一名真正的跑者。

四十二公里全程馬拉松的目標？

夜跑結束，閒晃約莫半小時後，我順道在南青山東急飯店附近的便利商店買了一瓶紅葡萄酒。商店門口站了一位身穿長風衣、髮型豔麗的女孩，她臉上的粉底厚到近乎崩裂邊緣，還戴著假睫毛與角膜變色片。她的鬢角兩際有幾顆顏色不正常的暗沉痘痘，這憔悴更顯示出一種掩蓋不住的風塵味。她神情慌張地直盯著手機看，氣色極糟。

我走近並輕聲尋問她：「沒問題嗎？」她先是嚇了一跳，然後眼眶含淚地說了一大串我無法辨識的日文；接著，她打量了一下我的穿著，問到：「妳要跑馬拉松嗎？」

「是。」我說。

「加油。」她露出了笑容，默默轉身走掉。

她是我所熟悉的一種典型日本女孩，或許仍在努力求生，但依然溫柔有禮。

我回到飯店、洗了個熱水澡、飲完一瓶紅酒、看了一個訪談二次大戰罹難士兵家屬的節目，約莫在深夜三點多入睡，睡前祝福著那位女孩能健康、平安，因為她是世界上第一個知道我決心要跑全馬的人。

我的心情很平靜，並不是說已經完全放下對譚大寶的思念，而是心中多出了一個極度踏實的目標等待我去實行。我翌日完成了重要的模特兒工作，也順便向高橋盾先生請益了許多關於練習馬拉松所需留意的細節。一個多月後，高橋先生就將二度參加檀香山全程馬拉松，我問到他：「你會緊張嗎？」

「不會，是非常期待。」他堅定地回答了我。

當時，我完全不能理解他的「期待」之處，但對於「沒有人能具體說出馬拉松的魅力」這件事，我感到相當好奇。

事實上，十月三十一日的這個夜晚，我在東京街頭只跑了短短兩公里；缺乏運動經驗的我也完全無法估算：自己到底要花多久時間練習才得以完成「四十二公里全程馬拉松」的目標？或許要花上兩年？五年？十年？無論如何，時間都不是問題；我在出生時腳踝是斷掉的，而我的父親是個殘障人士，我不知道為什麼上天會賦予我「奔跑」的資格？但未來的日子，我將會為了追尋那個從未見過的世界而跑著。

命運是不可思議的，有時候，你只需要一個意念上的轉機就能突破撞牆期。

前一夜邊哭泣邊奔跑，也訂定了自己未來要完成全程馬拉松的目標；但隔日早晨拍攝的工作照依然雙眼浮腫。

FLYKNIT
IS FOR
WINNERS

「如果你想跑步，跑個一英里就好。
如果你想體驗不同的人生，
那就跑場馬拉松吧。」——現代長跑之父，艾米爾．扎托貝克

"If you want to run, run a mile. If you want to experience a different life, run a marathon." —— EMIL ZÁTOPEK

2-3

SECOND WIND

再生氣

長跑過程中，由運動初期所產生的疲勞疼痛現象，經持續運動後突破撞牆期，突然轉變為舒暢的感覺。

《天生就會跑》一書傳遞人們是天生適合跑步的生物，是地球上最有耐力的跑者。（木馬文化 提供）

第一次女子路跑賽的十公里征途

歷經了改變我人生目標的東京之夜；我的心中滿是衝動，我只想以最短的時間達成對大寶的諾言，也同時以一個實際的成就向自己證明：「我很堅強，我不用擔憂人生路接下來將會遇到的所有挑戰。」

從日本回到台灣後，我隨即開始瘋狂練跑。我相信自己在學習方面並不是個天資聰穎的人，尤其是關於「體育」這塊我先前完全不熟悉的領域，也因此，我只能努力地跑、拚了命地跑，卻始終不得要領。

我為此踏進信義誠品書店三樓的運動類書籍區，映入眼簾的是《天生就會跑》（*BORN TO RUN*）這本經典暢銷書，以及一本圖大字大、看起來相當「親民」的馬拉松教學書《輕鬆跑馬拉松：42.195km您也能輕鬆達成！》，書背寫著：「只要能持續跑完5km，征服全程馬拉松絕非不可能的任務！」

五公里？聽起來不難；當時我已經可以每天跑三公里了，如果繼續以此步調練習下去，或許假以時日，42.195公里真的可以輕鬆達成！

記得在日本工作時，高橋盾先生曾與我提及「L.S.D.」這個聽起來很酷的馬拉松訓練法，我之所以會覺得這名詞很酷，無非是因為它與曾在六〇年代美國嬉皮文化*註一風潮中占有一席之地的精神性迷幻藥同名。「毒品」與「馬拉松」乍看之下是一黑一白，但卻又有著某種奇異的關聯性；例如「馬拉松成癮」的跑者，有人稱之為「Marathon junkie」（取自毒癮者之諧意），而長跑在追求的也是一種腦內自體嗎啡分泌的感覺（腦內啡，endorphin）。書店架上的教學書內，大都有一定篇幅在介紹L.S.D.訓練方法，可見得它對跑者的重要性之大。L.S.D.這三個字母其實指的就是「長距離慢跑（Long Slow Distance）」，我照本宣科地選在

*註一：Hippie，一九六〇、一九七〇年代於美國興起的反戰文化，主要傳達愛與和平的自由思想。

週末假日慢跑個一小時，雖然頭幾次訓練結束後隔天都痠痛不已，但久而久之肌肉便能逐漸適應長時間運動的頻率。

L.S.D. 訓練法（Long Slow Distance）

L.S.D.三個字母是Long Slow Distance的縮寫，中文意思是「長距離慢跑」。這個訓練法不但能增加心肺能力、還能提升長時間運動的耐力，是馬拉松跑者絕對不可或缺的訓練項目；甚至有此一說：常跑L.S.D.能培養出吃不胖的高代謝率體質。

訓練方法很簡單，基本上就是以比平常慢的跑速（可以與人正常交談、不會喘的速度），連續跑個一百二十分鐘以上，如果是為了全程馬拉松做準備，可以試著跑一百八十分鐘至兩百四十分鐘以上。訓練過程中要注意水分補給，中途不要停頓（除非上廁所），如果覺得累了就把速度再放慢。這個訓練法輕鬆又有趣，而且成效非常明顯，適合在風光明媚的河濱公園或郊外進行。建議每個月至少兩次，賽前可提升至每週一到兩次。

間歇跑訓練法（Intervals Training）

間歇跑訓練就如同字面意義，是利用不同運動強度交替的訓練法，快跑一段時間後再慢跑一段時間，來回重複交替。這個訓練法強度較高，能同時提升肌力與耐力，建議每週進行一次。訓練方式有分為相當學理的專業訓練法，也有適合業餘跑者的輕鬆訓練法。以簡易訓練來說，跑者在充分暖身後，可以先快跑八百公尺（以很喘、衝刺的速度），再慢跑四百公尺，重複四次以上的循環。如果妳的耐力夠高，可以再進而嘗試單趟一公里、一點二公里的間歇訓練；以一公里的訓練來說，就是先全力衝刺一公里、再慢跑五百公尺（用快跑一半的速度跑一半的距離），重複三到五輪。

二〇一一年十一月中，因為再度受高橋先生邀約而來到香港參加「Gyakusou」＊註二品牌的派對，活動內容是請一些品牌支持者由太平山頂奔馳而下，讓媒體拍拍照；雖有記速，但不算是太認真的競賽形式。當時，我已經確定自己將參與該品牌新一季的廣告拍攝，自尊心作祟造成莫名的緊張感，得失心變重，因此意外地認真。山道極度狹窄、陡峭，有些路段甚至伸手不見五指，只能藉由喘息聲與隨身物品的的攜帶碰撞聲，來辨識其他跑者的確切位置。與其說疲累，倒不如說整場路跑活動都充滿著恐懼與競爭意味；恐懼在於高速下坡時的肢體不安定感，競爭在於人與人之間的較量感。也因此，這次七公里的夜跑對我來說並不算愜意。

香港夜景美到令人屏息，山路下偶能瞥見驚豔人心的中環都心，那些好似刀鋒一般銳利的華美建築就隱身在樹林縫隙的視界中，伴隨著我約莫每公里六分十五秒的速度忽明忽暗地閃耀，奪目而刺眼。冬天的空氣中少了些懸浮微粒，這種清晰至極的奢華看來相對殘酷。這一夜，也是我繼東京夜跑之後，首次體悟到「以奔跑認識一個都市」的實踐方法；這個姿態的香港，是我過往僅去「買東西、吃東西」時絕對看不透的。

回台休息個幾日，十一月二十九日，我又前進日本準備進行Gyakusou服裝拍攝工作。這次拍攝的地點是在靜岡縣濱松市的中田島沙丘，而天候惡劣、狂風暴雨造成工作日數度延宕……「在沙丘上跑步」也是一大挑戰，所幸現場有日本教練支援，否則沙漠過軟的質地實在很容易造成跑者的腳踝負擔。

拍攝結束回到東京，我的心情依然處於極度亢奮的狀態，頻頻思索著下一步該怎麼走？才能讓自己距離全馬的目標更進一步。

隔年四月，我在台灣接獲一份夢寐以求的運動品牌代言工作，除了能得到

＊註二：由UNDERCOVER設計師高橋盾與NIKE合作開發的跑步運動服裝品牌。

商品贊助外，最棒的莫過於能上專業教練所指導的體能訓練課程，畢竟當時我已經自己悶著頭練跑了好幾個月，卻始終無法突破十公里大關。雖然跑步書上寫著：「只要能持續跑完五公里，征服全程馬拉松絕非不可能的任務！」乍看起來相當輕鬆，但對個性謹慎的我來說，全馬依然是個未知的世界，我心中滿滿都是恐懼，也缺乏自信。事實上，若沒有短程目標逼迫我前進的話，我的確很難戰勝心中的懦弱；從過去到現在都一樣，要不是當初胖到七十幾公斤了，我也不會決定減肥……要不是憂鬱症已經極度嚴重，我也不會有走出來的覺悟。

二〇一二年四月二十九日是個大日子，因為那是我人生中第一次參加大型路跑賽的日子，我將在「NIKE女生路跑」中挑戰十公里長度。品牌的其他代言人都決定參加六公里的組別，只有我一個人將硬著頭皮跑十公里；一萬公尺，想起來就覺得不可思議。

「男生總愛炫耀自己當兵時每天跑三千，有多辛苦多辛苦……但我現在居然要跑一萬。」我在比賽日前夜自豪地對媽媽說著，媽媽一如往常給了我很大的鼓勵，不過她似乎還是搞不太清楚十公里到底有多遠、四十二公里又有多遠？反正先為女兒加油打氣再說；這就是我可愛媽媽的標準反應。

阿靖哥加油！

當日清晨的氣氛令我印象深刻；天色未明，凱達格蘭大道上已經有許多女生們精神奕奕地蓄勢待發。我請經紀人替我在總統府前拍了一張照片，看來神色自若，其實緊張到不行。我為自己設立了一個小小的目標，就是要在一小時

我在2012年4月的女生路跑首次挑戰十公里長度，雖然清晨心情相當緊張，但還是於起跑點拍照留念。最後，我以一小時又三分完賽。

2011年11月底，我前進靜岡縣濱松市的中田島沙丘拍攝日本運動品牌廣告，而「在沙丘上跑步」是一大挑戰，所幸現場有教練支援，否則沙漠過軟的質地實在很容易造成跑者的腳踝負擔。

二十分之內完成！這目標時間對有運動經驗的人來說應該相當容易，甚至是寬裕到有點可笑……但我始終相信，只要我能在合理的時間內完成十公里，應該就能確定自己是否有挑戰全程馬拉松的資格。

一萬多名女生在鳴槍聲後起跑，春天宜人的氣溫跑起來相當舒適，更令人感動的是，居然一路上都有許多跑者在替我加油打氣！

「阿靖哥加油！」

「阿靖哥妳好棒！」

不知道自己是被這熱情的氣氛沖昏頭了還是怎樣？我居然越跑越快、越跑越快，甚至明顯感受到身體變得很輕，也不再口渴與痠痛；腦中盡是縈繞著大家所對我說的鼓勵話語。最後，我以一小時又三分完成十公里，遠遠超越我所訂定的目標時間。我在終點線後高興地不停跳躍、大笑、手舞足蹈，精力依然充沛；由此證明，我已經練就了挑戰十公里以上距離的體能狀態。

我，歐陽靖，那個曾經一天抽一包菸、跑個四百公尺就快斷氣的孱弱少女，居然把十公里當作一塊小蛋糕般擺平！這種「勇往直前」的巨大精神力，是我過去在獨自練習時從來沒有體會過的特殊感受。

大型路跑賽有個神奇的氣氛存在於無形之中，我會把它比喻為穆斯林於麥加朝聖＊註三時的氛圍。每年的朝聖月，全球數以百萬計的朝聖者會來到麥加，他們將以逆時針方向繞天房走七圈，接著在索法和馬爾瓦兩座山之間來回奔走或奔跑，然後到阿拉法特山＊註四平原守夜及進行其他儀式。每個朝聖者都是個別的「個體」，他們安靜地獨自禱告、獨自禮拜，但整個麥加卻散發出一股驚人

＊註三：麥加（Makkah Al-Mukarramah）為伊斯蘭教中的聖地、沙烏地阿拉伯麥加省的省會，每年都會吸引近三百萬人前來朝聖。

＊註四：位於沙烏地阿拉伯城市麥加周邊的丘陵，為穆斯林朝聖必經之處。

「男生總愛炫耀自己當兵時每天跑三千，
有多辛苦多辛苦……但我現在居然要跑一萬。」
我在比賽日前夜自豪地對媽媽說著。

而巨大的能量。大型路跑賽也是如此，每個跑者都是獨自地在跑著，但卻有著一樣的目標、在朝著一樣的方向前進；那是我親身感受過最巨大的正面能量，而這正面能量竟然是由一萬多名「相信自己可以做到」的女生所產生的。

這次女生路跑賽的初次經驗，讓我深刻體悟到兩件事：第一，跑步不是孤獨的運動，不斷地練習，就是為了跟有同樣志向的人們一同達到目標。第二，加油聲與掌聲對跑者來說相當重要，我以後也要多為其他跑者加油打氣！

馬拉松不是競爭，是成就，是個絕對可能達成的成就。這一天，我完成了人生中第一個十公里，距離答應譚大寶的目標還有三十二公里。

人生中第一場半馬賽的震撼教育．舊金山女子馬拉松

「妳十月要跑舊金山女子馬拉松嗎？」

「什麼？」

「舊金山女子馬拉松的半馬，就是去年張鈞甯跑的那一個。」

前些日子，在YOUTUBE上有支影片被女生朋友們廣為流傳，那是一支紀錄台灣氣質女演員張鈞甯完成二〇一一年舊金山女子半馬（2012 Women's Marathon San Francisco）的廣告短片，雖說是運動品牌的形象廣告，但還是相當觸動人心，尤其當張鈞甯伴著舊金山的美景說：「我做到了！」的時候，實在令人不由得地投入自身情緒。她也是從一公里開始跑起，經過不間斷的努力，

直到完成了二十一公里。

在我剛完成女子路跑的十公里後，這家廠商居然問我要不要也去挑戰看看二〇一二年舊金山女子半馬？距離現在還有整整六個月，對訓練時間來說絕對綽綽有餘，因此我當然是不假思索就一口答應了！我對自己將在美國舊金山完成人生中的初半馬充滿期待，而從未去過舊金山的我，可沒預想到崎嶇的山坡地形將會帶來何種程度的艱難考驗。

二〇一二年的下半年時間，我幾乎一頭栽進新書的整理與創作中。過去在重度憂鬱症的六年歲月裡，我必須依靠鎮靜藥物來控制躁鬱、暴食等生理失衡症狀。不知是否為必然的副作用？我能明顯感受到藥物使我的記憶力受損，而從來沒有寫日記習慣的我，在那段痛苦至極的期間，也只能憑藉著攝影與作文來記錄自己曾做過什麼事、去過哪裡、遇見過什麼人？直到現在，我才有能力與堅強的意志得以面對過去，將這些短文與攝影作品集結成冊。因為二〇一二年是馬雅傳說中世界末日到來的日子，因此我將這本書命名為《我們，都是末日殘存者》，希望能帶給依然深陷泥沼中的人們一些溫暖。

「連我都能走出來了，所有人都可以；連我都能邁開大步跑著了，所有人也一定都行。」這是我當時最想對讀者說的話。但倘若連我都能完成馬拉松賽事，這句話將變得更具有說服力、更能帶給人們正面力量。

為了迎戰二十一公里的挑戰，在趕稿之餘，我也將於每星期上兩堂跑步課與ＮＴＣ（NIKE Training Club）體能訓練課程。我的跑步教練是名師「索南東珠」老師，來自尼泊爾的索南老師非常風趣，話語中有種專屬於運動員的大而化之幽默感。在歷經數個月的專業訓練之下，我覺得自己已經很能跑了；雖然當初對自己的期許標準並不高，也不要求能達到每公里均速多少之類的好成績，但當時的我已經能輕鬆面對十公里左右的路程。九月二十五日於松山田徑場的七公里訓練中，我居然能在二十五分鐘內跑完五公里，還覺得相當愜意。

索南教練笑著：「哇！要是我們早個十年找到妳，就可以培訓妳當選手了！」

我回道：「別說十年前了，光講一年前好了，我連一公里都跑不完呢。」

就算當時自己所跑過的最遠距離只有十五公里，我依然相信自己能輕鬆戰勝舊金山女子馬拉松的二十一公里挑戰。

只要能給我簽證就好了！

從二〇一二年十一月開始，持中華民國護照的公民即可以享有進入美國免簽證的優惠；但舊金山女子馬的比賽日期是十月十四日，我們將在美國時間十月十一日入境，因此，我還是必須跑一趟ＡＩＴ（美國在台辦事處）繳五千塊錢台幣辦美簽。ＡＩＴ官員對於「台灣單身女性」辦美簽的刁難事蹟時有所聞，我二十八歲、未婚、工作無固定收入，完全屬於美簽被駁回的高危險群，為此我準備了一大堆文件，包含財產證明、馬拉松報名證明、經紀公司的合約、甚至是台灣廠商的正式邀請文件……但當走向某位華裔官員面前時，還是碰了一鼻子灰。

「妳要去美國做什麼？」

「我要去舊金山跑馬拉松。」

對方露出懷疑的表情：「跑馬拉松去舊金山跑幹嘛？」我隨即將一疊證明文件推進窗口的孔洞中，但對方完全不予理會。

「妳在哪裡念高中？」

「台北市和平高中……資料上都有……」對方還是不翻閱那疊資料。

「妳在哪裡念大學？」

「我沒有念大學。」

「妳為什麼不念大學？」

……雖然我當時心中真正的想法是「我念不念大學跟去美國有什麼關係？」但還是很冷靜地回答：「因為我離開高中後就直接就業了，所以沒時間念大學。」

「就業？妳是做什麼的？」

「我是個作家，也是演員，這位是我的經紀人。」我指了一下身旁陪同我一起申辦美簽的經紀人。

「演員？很多沒念過大學的年輕女生都以為自己是演員，我哪知道妳是誰？」

當他充滿歧視性的言論脫口而出時，我的心立刻涼了一半；當時我想，這

當我在精神渙散之時，突然聽到身旁傳來一句中文：
「加油！ 已經快到了！」

美簽應該是辦不成了，「也許是我沒有去舊金山跑馬拉松的運氣吧？」居然會遇到偏見如此深的審理官員。

我們靜默不語了好一會兒，他皺起眉頭，終於拿起了那疊資料，但其中並沒有能證明我在台灣是個公眾人物的報導文件。他表情輕蔑地隨意瞄了一下，隨後突然離席；我與經紀人呆站在那，已經開始盤算要如何在臉書上抱怨這次辦美簽失敗的過程。過了五分鐘，那位官員回來了，態度突然一百八十度大轉變，立刻核發簽證給我……他念了一句：「有空還是要去念大學啊！」我只點頭回道：「是是是……」只要能給我簽證就好了！

雖然不知他離席那五分鐘做了什麼（最直覺的想法是：他去Google了），但至少這次舊金山女子馬拉松確定將成行，接下來，我只要好好練跑就好了。

加油！已經快到了！

啟程前，索南老師特地選了一夜帶我到故宮博物院那帶練習跑上坡，以模擬舊金山的特殊地形。我曾在旅遊生活頻道看過介紹舊金山的電視節目，其中就有叮噹車（Cable Car）行駛於山坡上的畫面，但電視畢竟是電視，從未身歷其境的我還是無法得知舊金山到底有多陡峭？以故宮至善路那帶的坡度來說，我還能維持在六分三十秒左右的步速，但持續下去將是肌耐力的大考驗。

舊金山半馬最長的斜坡在進入終點前，是個約莫三英里多（將近五公里）的大上坡，而在此之前，有一個長達一英里的急下坡；據說有許多選手都是在那個急下坡發生抽筋現象。此外在過了十公里處，也就是經過舊金山地標金門大橋的克里斯公園（Crissy Field）後，有一段全賽道中坡度最劇烈的山路。

我於行前一邊看著簡直像是「心電圖」般的賽道坡度表，一邊在心中默默記起每個「好漢坡」的位置。

十月十一日，我與經紀人、廠商的同伴歷經十三個小時飛行後來到舊金山市；這是我第一次踏上美國國土，說實在還滿興奮的。舊金山不愧是世界著名的觀光城，空氣清新，人群態度也很友善，治安狀況相對與美國其他地方好了許多。這個友善的城市好似從沒受過汙染，海風是清澈的，還飄散著濃濃大麻香。來自世界各地的觀光客踩踏著這片土地，卻依然帶不進一絲穢氣。異性戀情侶在碼頭邊抽著漂亮的琉璃煙斗、年過半百的同性戀情侶裸著身體在街邊作日光浴、乞丐伸出手時說「上帝保佑你」，笑容好傻氣。

「愛與和平」確實是我對這個美國嬉皮文化發源地的第一印象，除此之外，還有美味得令人驚豔的大螃蟹（Dungeness Crab）、義式海鮮湯（Cioppino），以及巨人隊主場AT&T PARK、漁人碼頭的海狗、惡魔島監獄的大量觀光商品……而整趟行程唯二的紀念品，是在嬉皮街（Haight Street）購買的Robert Johnson T恤，以及在彩虹社區公益商店發現的幽默好書《死前必做的一〇一件事》（*101 Things To Do Before You Die*）。

女子馬拉松比賽當日，天色未亮，三、四萬名蓄勢待發的女性跑者聚集在聯合廣場（Union Square）前，隨著俗媚的重節奏流行音樂擺動窈窕身軀。即便在人擠人的狀態下無法作出幅度太大的暖身動作，但女孩們卻都能找到合宜的最廣空間來延展自己的熱情；擺臂、跳耀、嬉笑。令人感到意外的是，她們扭動的姿態不帶有任何色情或性暗示的意味，而是健康、青春、純粹的美與善。清晨六點三十分，三萬多人在一起高唱美國國歌後開跑。

雖名為「女子馬拉松」，但舊金山女子馬拉松卻不限定只有女生可以參加，男性一樣可以報名，只不過主辦單位規劃的贊助商品、完跑禮、紀念T恤……等等，都是以女性所需為主。賽道上少數的男性參賽者多是盲人選手陪跑員，陪女友參賽的體貼優質男也不少。我們見到一對新婚夫妻，跑在左邊的男生於背後貼上「Just」字條，右邊的女生則是貼上「Married」……這也是為何我知道他們是一對新婚夫妻，他們是半馬的參賽選手，必須維持一樣的步速跑完二十一公里；這「曬恩愛」的方式實在是既辛苦又特別。

當天清晨，舊金山海邊起了大霧，幾乎什麼美景都看不到。前十公里我以六分十秒左右的步速輕鬆完成，緊接著而來的就是最艱鉅的考驗——全路程最陡峭的好漢坡。我腦中只想著：「看到金門大橋的紅色橋墩後，就要開始爬山了！」

無奈當時霧氣實在太濃，我望著海的方向，只是一片白茫茫，完全看不見金門大橋在哪裡？此時，我身旁的金髮中年女跑者突然手指前方，笑笑地對我說：「妳看看那個山丘！」我這才注意到她所指向的不遠處，皆是奮力爬坡的跑者布滿一整個山丘……那山丘，比想像中還要陡！根本不是故宮至善路等級的溫柔上坡。當我拚完這一英里，步速立刻掉到每公里八分鐘，劇烈的肌肉痠痛令我信心全失。

我在心中吶喊：「半馬應該沒有那麼困難啊？舊金山賽事真的超乎我想像的『硬』啊！」雖然身旁一直有其他跑者呼嘯而過，但我在低溫中依然感受到巨大的孤獨與無力感。

在賽前我有為自己設立一個小小的目標，就是要在兩小時五十分之內完成賽事，但當時跛著腳慢跑過十五公里指示牌的我，已經完全放棄這個目標，

1

3

4

2

6

5

1 女子馬拉松比賽當日，天色未亮，我蓄勢待發。
2 完跑後終點氣溫很低，跑者紛紛披上主辦單位提供的錫箔披風禦寒。
3 來到美國前，索南老師交代我們要多吃碳水化合物（為了補充馬拉松跑者所需的肝醣），於是每天早餐都吃超大份蛋捲與薯餅！
4 來到舊金山，一定要嚐嚐當地名產——義大利海鮮湯（Cioppino），美味極了！
5 美麗的漁人碼頭，舊金山是個適合跑者的城市。
6 我人生中第一條Tiffany項鍊，這條Tiffany項鍊是用錢也買不到的女子馬拉松完跑禮。
7.8 聯合廣場旁的牆上印有一萬多名舊金山女子馬拉松跑者的名字，我也找到自己的名字了。

7

8

只求能完賽就好。這是我人生中第　次跑超過十五公里，原來是如此痛苦的感受，我甚至開始質疑起自己當初為何要立下跑全馬的誓願？

當我在精神渙散之時，突然聽到身旁傳來一句中文：「加油！已經快到了！」

我驚訝地回頭看，發現跑在身邊的人，居然是在台灣才認識不久的路跑同好，也是個女子三鐵好手！能在兩萬多名參賽者中相遇也實在太有緣分，她的這句「加油」帶給我非常巨大的精神鼓勵，我立刻提高到六分三十秒左右的速度，平穩地跑著。說也奇怪，剛剛才考慮放棄目標的我，現在居然跑得還挺順暢的。在剩下最後三公里時，又巧遇另一名同伴，雙倍精神支持令我意志力大增。我查看了一下左手GPS手錶上頭顯示的時間，這才驚覺：我不但能在預定目標內完成賽事，而且還是綽綽有餘！

最後，我與同伴一同衝過終點線，兩小時二十五分四十二秒，是我人生中第一個二十一公里半馬賽的成績，二〇一二年十月十四日，於美國舊金山女子馬拉松達成。而在一年前的這一天，我連國父紀念館一圈（1.4 km）都跑不完。

我好想好想好想跑全馬！

終點過後有許多位身穿燕尾服的型男手捧著放滿Tiffany & Co.綠盒子的銀托盤，發送Tiffany項鍊給完跑的參賽者，這條Tiffany項鍊是用錢也買不到的

**我強迫自己微笑以對這些負面的誤會，我知道自己過去的形象太黑暗，
有許多人堅信我不可能好起來、不可能走出來；
對這些自我意識太強的人來說，我今日的正面、陽光就形同給了他們重重一拳。**

女子馬拉松完跑禮。雖然在預定目標內完賽，也拿到了人生中第一條 Tiffany 項鍊，我的喜悅卻沒有維持太久。

客觀而言，那個早晨，我很完美，無論是就心靈或體能層面去論述。雖然抵達終點時有種「被陡峭的山坡狠狠揍了一拳」的失落感，但至少我完成了這場超艱鉅的賽事，也因為完賽，更加深了我想挑戰全程馬拉松的目標與渴望，無奈以我現在的體能狀況而言，跑二十一公里都如此辛苦了，更何況是四十二公里？而當我與同伴一同準備離開會場時，我看到參與全程馬拉松的跑者通過終點線，眼淚立刻止不住地宣洩而出……

「我好想好想好想跑全馬！」我裹著保暖用的錫箔披風，在金門國家公園的林蔭中低聲喊著。

我思索著自己第一次完跑全馬時可能會有的感覺？也或著是累到無法思索？也或著我根本跑不完？當我已經將四十二公里作為人生目標時，這二十一公里的成就感頓時幻化為自卑感。這次舊金山女子馬拉松半馬組中，有不少跑者是為血癌機構籌款的慈善團體成員，她們在T恤寫上「Survivor」與患者的名字；她們不見得是練習有成的跑者，但具有為其他人奔跑的目的。我為了「證明自己的目的」感到自卑，但仔細想想，自卑之類的負面情緒或許不應該存在於舊金山這美麗的城市之中？

我完成了人生中第一場半馬，而距離答應譚大寶的目標還剩下二十一公里。

鬧哄哄的上海馬拉松與台北馬拉松

我知道自己還必須多跑幾個半馬賽，在體能方面才夠資格參加全馬，舊金山的經驗只是一個起步。完跑舊金山回到台灣後，我興奮地在臉書上貼文發表這趟旅程的經歷，也得到很多網友的支持與鼓勵；彷彿我依然奔馳在公路上，浸淫於身旁此起彼落的加油聲中，光是閱讀這些留言就讓我渾身充滿了力量。

雖然如此，其中還是不乏匿名網友寫著：「一個吸毒嗑藥的人都可以跑半馬了，年輕真好。」

我強迫自己微笑以對這些負面的誤會，我知道自己過去的形象太黑暗，有許多人堅信我不可能好起來、不可能走出來；對這些自我意識太強的人來說，我今日的正面、陽光就形同給了他們重重一拳。他們會試圖用各種方式、用各種難聽的字眼把我打回黑暗以證明自己的判斷。我看到這些留言時的確心如刀割，我很想大喊：「我真的很努力地走出來了，為什麼不願意相信我？」但我不能軟弱，我沒有時間悲傷，與其把生命糾結在負面情緒的荊棘中，還不如為了下個月將參加的上海馬拉松而好好練跑。

上海馬拉松對我來說是個突發行程，我從舊金山回到台灣之後，便立即報名了十二月份的富邦台北國際馬拉松，但就在數週之前，與我合作的運動品牌廠商臨時接下了上海馬拉松協辦權，也得到參賽保證名額。

「已經報名了台北馬，妳還要跑上海馬拉松嗎？」對方詢問我的參加意願。台北馬拉松的比賽日是十二月十六日，與上海差了兩個星期……在兩星期之內

紐約路跑團隊代表分享他們「將路跑融入生活」的經驗想法。牆上所寫的是美國傳奇跑者史提夫·普里方丹（Steve Prefontaine，1951-1975）的名言：「最佳的步伐就是毫無保留地往前跑，而今天就是你該拚命的日子。」

跑兩個二十一公里半馬？我想我應付得來！

「第一次跑半馬就是舊金山這麼困難的地形，接下來應該沒有任何馬拉松好擔憂了！」

抱著輕鬆心情的我，在同年十一月底來到中國上海，為了即將舉行的上海馬拉松半馬賽做準備。在此之前，我對上海的既定印象是「高物價」、「髒亂」、「超多觀光客」……但或許就如同在東京、香港夜跑的經驗一般，我是否能以跑者的姿態，摒除己見、重新認識一個我原本就孰悉的城市？也因此，上海將成為我人生中第二場半馬賽挑戰的都市。

此次為期四天的行程相當特別，活動內容並不僅止於參加馬拉松，我們還有機會與來自世界各地的路跑團隊切磋交流。除了東道主——上海路跑團體「Dark Runners」的成員們之外，北京、香港、廣州……甚至是倫敦、紐約的路跑團體也都有跑者代表參與。這些跑者大多從事設計創作工作，也有ＤＪ、詩人、造型師……都是在年輕社群中引領次文化潮流的菁英分子，他們不僅將路跑融入生活，也更重視跑步時的穿著打扮、以及身為一名跑者該有的生活態度。

紐約路跑團體「Bridge Runners」的代表說：「我們追求的是把跑步『加入』你的生活，你不需要為了跑步而「減去」什麼。你不需要為了跑步而早睡早起、你不需要為了跑步戒酒、你不需要為了跑步而犧牲與朋友共處的時間……你只要將跑步放進你與同伴的生活之中，這就是我們的理念。」

馬拉松比賽當日，我決定不管完賽時間，與上海的朋友們一同完成這二十一公里，也順便好好感受一下「團跑」是什麼樣的氣氛。這是我頭一次同時接觸到這麼多路跑團體，也獲得了很大的啟發。當時我想：若我能將這概念帶回台灣，找些志同道合的好友、組成一個具有社群影響力的路跑團體，或許能帶動更多年輕人跑起來？（這次的經歷也成為我翌年於台北組成路跑團體Amazing Crew的契機。）

十二月初的上海又濕又冷，夜晚氣溫低到只有個位數，清晨卻又常常下雨。我總嫌棄台北盆地夏熱冬冷的氣候不宜人居，但其實上海夏天更熱、冬天更冷，這邊居民的適應能力著實令人欽佩。就如同意料之中，今日清晨也下著大雨，我與同伴躲在起跑點附近的建築物下直打哆嗦。雖然其他朋友是當地人，但這也是他們第一次參加自己城市的馬拉松賽；也因此，我們完全搞不清楚該注意些什麼？或著將可能會有怎樣的突發狀況？

起跑時間到，伴著滂沱的軍樂聲中，大會主持人拿起麥克風，說起了句句押韻的吉祥話：「讓我們展翅高飛、翱翔萬里！上海只向前！」

第一批競賽組職業跑者順利起跑，但之後的參賽者卻穿著塑膠雨衣，在大雨中緩慢移動。當時正準備站上起跑線的我們，眼見這情景，立刻產生了不好的預感……

果然，我們的擔憂成真了！才通過起跑線沒多遠，賽道上就滿是被丟棄的雨衣與垃圾四散一片！雖說穿著雨衣跑絕對會熱到撐不了幾百公尺，但這些跑者也不把雨衣往路邊扔，就這樣隨意棄置。另外，還有許多參賽者並非真正的馬拉松跑者，他們只是手持印有廣告標語的旗幟在遊行，橫跨阻擋了一整個跑道。頭幾公里，我們都得一邊跳過地上的雨衣、一邊閃避擋路的走路工還得注意是否有突然衝過來朝跑者拍照的路人大嬸……

「我以為舊金山的山坡已經夠極限了，沒想到上海是另一種挑戰啊……」我

上海馬拉松的有趣廣告標語「再不跑，遊客就湧進來了！」大量的觀光客確實是上海這都市的一大特色。

我的上海馬拉松號碼牌。

賽前一日，我穿著舊金山女子馬拉松的外套在上海外灘進行團隊活動，於咖啡店內遇到一隻嬌小的西施幼犬。

狼狽地說著，大家也苦笑不已。

為了配合所有同伴的跑速，我們於每個水站都停下來補給後再起跑；在嘻笑閒聊之中，也自然而然地重拾了跑者的幽默心態。眼見身旁穿著維吾爾傳統服飾的路人亂入衝進跑道，朋友笑說：「哥哥是回回Style～」（因當時韓國歌手PSY的歌曲〈江南Style〉在大陸很火紅）。後來又見有電動機車趁交通警察分神時騎過賽道、大叔叼著菸在路旁催促跑者快跑……總之就是一片混亂，卻完全不會令人感到無聊的二十一公里。雖然同樣都是二十一公里，但上海馬拉松的體驗跟舊金山完全不一樣；原來，這就是到各城市參加路跑賽的醍醐味。

我們一行人在兩小時五十分後到達終點，互相擁抱、給予對方鼓勵。

我們真的不需要為了跑步而「減少」什麼，跑步乍看之下是個孤獨的運動，事實上，我們卻可以讓朋友「加入」自己的跑步生活之中。

我想我準備好了

身為土生土長的台北人，一定要參加台北馬拉松；即便「台北人」常被冠上冷漠、雅痞、天龍人＊註五等負面印象，台北盆地的生活環境也不是這麼舒適，空氣汙染、颱風、地震……但很奇怪的，我就是喜歡她，她是我的家鄉。

對運動毫無興趣的媽媽很少參加我的日常訓練，而我前幾次馬拉松比賽也都是在國外進行，因此台北馬比賽日的這個早晨，媽媽終於說她要陪我到起跑點，在出發前替我拍拍照。

先前的馬拉松經驗中，我看過跑者在背後貼標語，甚至是直接在身上寫

＊註五：「天龍人」一詞源自日本漫畫《*ONE PIECE*》航海王中的一個族群，他們的特色是自認血統高貴、不屑與百姓呼吸相同的空氣，後來引申到一些特別惹人厭惡的權貴人士與其子弟、公平正義冷感甚至是無知的台北市民眾。

**我們真的不需要為了跑步而「減少」什麼，
跑步乍看之下是個孤獨的運動，事實上，
我們卻可以讓朋友「加入」自己的跑步生活之中。**

字；有的是自我介紹，告訴大家他是為了什麼而跑；有的是公益性質，就如同我在舊金山看到：血癌機構的慈善團體成員，她們在T恤寫上「Survivor」字樣與患者的名字。這次，我決定在背後貼上反核標語，倘若我能在人群中一直超車前進，就能讓更多人知道我反對核能發電的意識。「希望能引起小小的共鳴！」我在起跑前這樣想著。果不其然，一開跑就有日籍跑者衝過來對我比個「讚」，還用日文說了句：「加油！」而到了終點，我意外發現自己並不是唯一一個攜帶反核標語的人。

家鄉就是家鄉，雖然這是一場參加總人數高達十萬人的巨大路跑活動，但我卻能在人群中看到自己的鄰居、健身房的朋友、合作過的攝影記者大哥……「原來你也有在跑啊！」當知道自己認識的人也是馬拉松跑者時，心中的溫暖不言而喻；原來，生活在這個城市的我們都有共同的興趣。

當天早上完跑回到家後，發現媽媽清晨替我拍攝的照片全部設錯畫素，每一張的檔案都小到無法使用；但我起跑後，她拍攝其他跑者的卻又都是正常的。

「唉呦喂啊～我不是故意的啦！」

「沒關係……明年再拍就好了……」

其實就算我那可愛的媽媽沒失誤，我還是會參加來年的台北馬拉松；應該是說，我以後每一屆都會參加。我對於能夠將「路跑融入生活」的自己感到驕傲，過去二十八年的人生，我從來沒想過自己可能會有這麼一天。歷經三場半馬賽，我練就了每個星期都能來場二十一公里L.S.D.的長跑者體質；對於挑戰全馬這個人生目標，我想我準備好了。

「跑步是一個天天都存在的大問號，它會問你：
『你今天要當膽小鬼，還是要堅強？』」

——前加拿大馬拉松選手，彼得．馬赫

"Running is a big question mark that's there
each and every day. It asks you,
'Are you going to be a wimp or are you going
to be strong today?'" —— PETER MAHER

2-4

RUNNER'S HIGH

跑者的愉悅感

當有氧運動量超過某一階段時，體內分泌腦內啡；產生一種特殊的愉悅感，並且能舒緩乳酸堆積引發的疼痛。

「我的身體比別人差、底子比別人弱，我只能比別人更努力！」
我這樣告訴自己。

重生與達成的日子・二〇一三名古屋女子馬拉松

我從來沒有這麼長時間渴求於完成一件事情過，而且是伴隨著興奮與期待。我是個很沒有耐心的人，無論做什麼事情都是三分鐘熱度，喜歡哪位偶像明星、熱衷於某種語言學習、鑽研於哪項興趣……總之，沒有一件事能讓我持之以恆超過兩個月。但從東京夜跑的那一夜算起、直至二〇一三年三月，已經將近一年半了……我依然極度渴求完成全程馬拉松，也因此而拚命地練跑著。

「我的身體比別人差、底子比別人弱，我只能比別人更努力！」我這樣告訴自己，而這個意念也支持著我每日路跑七公里的訓練量。剛開始練跑完肌肉都非常僵硬，回家後必須以放鬆筋肌膜的滾輪將肌肉沾黏疏鬆開，那是個極度疼痛的復健過程，但如果不忍受這種痛苦，我的身體就沒有辦法支持此種等級的訓練量；沒有這種此級的訓練量，我就不能有完成全程馬拉松資格的身體。

當時，我人生的確切夢想就是「完跑全程馬拉松」，我想體會腦內啡分泌的感覺，所以如上癮一般迷戀著奔跑這儀式。我從來沒有體會過這種悸動，那是種充滿踏實感的期待；彷彿看到目標就近在觸手可及的地方，只要多加把勁去抓住就好了。

這一天終於來到了，二〇一三年三月，我得到前進日本名古屋的機會，為了參加名古屋女子馬拉松的四十二公里全程馬拉松。

如同舊金山女子馬拉松一般，名古屋女子馬拉松也會將所有參賽者名字列在牆上，現場女孩們紛紛熱切尋找著自己的名字。若非如此，真的看不出來這些看似柔弱可愛的日本女生都將挑戰全程馬拉松！

對略懂日文的我來說，日本是個熟悉的地方，但名古屋並不是我所熟悉或嚮往的城市。一生只有一次「初馬」（第一次跑全程馬拉松）的機會，我是否該將自己的初馬獻給名古屋？我思索著……

「名古屋女子馬拉松是全世界最盛大的女子馬拉松，每年有一萬多人參加，報名資格都是秒殺。跟舊金山女子馬拉松不同；這真的只有女生才可以報名，也只有全馬這個選項，沒有半馬。」友人如此告訴我之後，我頓時嚇了一大跳！

「原來世界上有大型純女子全馬！與一萬多名女生一起跑全馬？這將會是多麼不可思議的感覺……」

在我開始練跑之後，深切感受到台灣跑者男女比例相差之懸殊，我也一直很希望以自己的力量帶動更多女生跑起來；畢竟跑步是一個完美的紓壓方式，沒有競爭性、沒有強迫性，不必約人陪伴、也不必花什麼錢。對許多女生來說，紓壓無非就是大吃大喝、非理性購物，甚至是像我自己以前一樣，拚命往負面情緒的死胡同鑽，再嚴重則會試圖傷害自己……但其實只要跑跑步，就會發現一切問題都是可以輕易解決、可以在轉念之間大而化之的。

日本人是個對長跑相當狂熱的民族，我之所以會想要跑馬也是受到日本人的影響，但我沒真的想到：名額高達近兩萬人的純女子全馬居然會如此熱門而一位難求！我想起自己一年前參加「NIKE女生路跑」的感覺，那是我第一次挑戰十公里長度，也是與女生們一同完成的；一萬多名女生散發著強大的正面能量，她們都因為「相信自己可以做到」而努力地跑著。

於是，我決定參加這次的名古屋女子馬拉松，即使一年半以前，我連一點

名古屋地標「ナナちゃん」巨大人形也換上了女子馬拉松的服飾，我剛好與她穿了同一雙鞋。

四公里都跑不完；但這一天，我相信自己可以做到、我一定可以完成這42.195公里！

今天是我重生的日子

赴日前一週，在舊金山半馬前給了我許多幫助的索南東珠教練提醒我：「為了安全，要先跑一場三十五公里以上的L.S.D.喔！」

初全馬前的這個長程L.S.D.訓練非常重要，它可以給予肌肉一個「警告」，就好像是先對肌肉說：「接下來我會讓你很辛苦，你到時候可不要抽筋喔！」

除此之外，也能先體會完跑全馬後身體疼痛的程度。我選在週末清晨到河濱公園跑了三十六公里，步速是每公里八分鐘左右，很慢的速度；但完跑後雙腿肌肉都出現了劇烈痠痛。接下來我花了整整一星期放鬆身體、拉筋、吃大量碳水化合物儲備能量，然後直接啟程前往初次造訪的名古屋市。

名古屋是個乾淨的地方，空氣品質好、水質清澈，三月均溫約十幾到二十幾度，街景沒多大特色但道路極平坦，的確是個適合跑馬拉松的城市；聽說往年也常有職業跑者在此突破個人最佳紀錄。賽前兩天我嘗試了名古屋特產美食「手羽先（雞翅）」，卻不時關切著二〇一三年世界棒球經典賽的中華隊之役。

我睡覺時總習慣開啟一個紀錄睡眠品質的APP，並將iPhone放在枕頭邊、轉為飛航模式（減低電磁波干擾）；起床後，我就可以藉由那個APP確認自己當晚的睡眠品質。比賽日的清晨三點半，我清醒了。因為不習慣飯店床鋪的軟硬度，也可能是心情緊張？我很確定自己幾乎沒有睡著。一查看手機：沒錯，我只睡了三個半小時，而且睡眠品質只有百分之四十……我今天要跑人生中第一個四十二公里全馬，體力方面負荷得來嗎？

這擔憂只持續了幾秒鐘，我就突然聯想起日前所看到「台灣超馬好手陳彥博勇敢抗癌」的報導，心中頓時受到了很大的鼓舞。曾征服北極、喜馬拉雅山超馬的陳彥博，在挑戰「七大洲、八大站」＊註一時被診斷罹患了咽喉癌，但他依然憑著堅韌的意志力完賽。即使我只是個跑馬的菜鳥，並非陳彥博般的傑出運動員；但我想意志力與熱情絕對可以戰勝身體上的不適。

「先拚一下，只要完成後再充分休息就好了！」我如此告訴自己，就像吃了一顆定心丸。

這個早上，我平靜的心情大過於緊張，甚至可說是一點都不緊張。我對於自己這些年來思考邏輯的懸殊變化感到不可思議；在過去，我是個只要睡眠不足就會往負面情緒死胡同鑽的人，甚至有長達六年的時間都被安眠藥與鎮定劑制約著，沒想到今日，我居然會以一個極度坦蕩的情緒迎接自己的初馬。

想起一年多前，我在東京詢問即將二度前進檀香山馬拉松的高橋盾先生：「你會緊張嗎？」他回答：「不會緊張，只是非常期待。」當時我還沒開始跑馬，因此完全不能理解他的期待之處，直至今日，即便我依然沒體會過「腦內啡」分泌的感覺，但對於自己即將完成一年半以來的心願這件事，可是滿懷巨大的期待。

＊註一：以「七大洲、八大站」為目標的台灣超馬好手陳彥博，在五年之內完成了：「磁北極六百五十公里大挑戰」、「喜馬拉雅五天分站賽」、「北極點馬拉松賽」、「南極洲超馬賽」、「南非喀拉哈里沙漠超馬賽」、「南美洲巴西挑戰賽」、「歐洲西班牙洛哈超馬山徑賽」、「加拿大育空極地超馬橫越賽」、「澳洲內陸超馬橫越賽」這些賽事，達成了目標。

名古屋巨蛋內，女子馬拉松的博覽會（EXPO）充滿著粉紅配色。

「今天是我的另一個生日，是我重生的日子。」出發前我對伙伴這麼說著，沒有激情、沒有躊躇，只有堅定與喜悅。

名古屋女子馬拉松在路線上是折返設計，也就是說跑了二十一公里後會原路折返；因此對某些跑者來說或許有些無趣，但它在起點與終點的設定上卻令人印象深刻。我們的出發線（Start Line）就設在四十二公里立牌的旁邊，而終點線（Finish Line）則是在名古屋巨蛋內，也就是說：當跑者跑完四十二公里後，最後的一百九十五公尺是衝進巨蛋內的（全程馬拉松是42.195km）。我與日本東京路跑團體「AFE（Athletics Far East）」的女子成員一同在起跑點熱身，她們幾個纖瘦的女生也都是第一次跑全程馬拉松；我們已經預想到，當自己回到這起跑點旁的四十二公里立牌、然後衝進名古屋巨蛋時會有多大的感動。

終於，我與一萬四千多名女生一同起跑，放眼望去幾乎九成以上都是日本籍的女生，她們的外型看來柔弱、不同於我們印象中的「跑者」，甚至帶有些許日本女孩專屬的嬌羞可愛……但令人感到意外的是，她們的步速都很快！我在赴日前將能播放四個小時以上的歌單灌入隨身聽內，但一起跑後，我就立即摘下了耳機。

不同於舊金山的活潑、上海的喧囂、台北的溫馨，名古屋女子馬給我的感覺是「堅定」，我想好好感受這美妙的現場氛圍，於是再也沒戴上耳機。沿途水站、補給站、食物站、醫療站都非常充足，志工熱情有禮貌、跑者有秩序……街邊有年輕男生舉著牌子在替跑者加油，上頭寫：「跑步的女生是最美的女生。」也有媽媽手繪立牌替女兒打氣：「美智子加油！媽媽替妳應援！」還有父母帶著小朋友在路邊大喊：「姊姊們加油！姊姊們好酷！」

到達名古屋當天剛好是世界棒球經典賽的中日大戰，我穿著替中華隊加油的T-Shirt在日本關切著賽況，這一役台灣是雖敗猶榮。

因為比賽日是三月十日，剛好為三一一東日本大地震兩周年前日；所以也有許多在身上貼著「日本加油」貼紙的跑者。

我不發一語，只聽見自己的呼吸聲。頭二十一公里，是我人生中跑過最順暢、最愜意的二十一公里，曾經被我視為艱難目標的半馬，居然在兩小時十五分鐘就輕鬆完成了！接下來的二十一到三十公里路段如同意料之中地出現了大腿肌肉痠痛的情形，但都在可以忍受與控制的範圍內；我找了一個配速與自己差不多的女生，以相同的速度跑在她後面，簡單地說，就是找一個眼前可及的目標推動自己的前進意志。

雖然此時我稍微對於自己起跑太快、配速混亂的情形感到不安，但還是決定在有力氣時多衝刺一下。我邁開大步，加速到每公里五分鐘三十秒左右，持續跑了幾分鐘之後……天堂來了！我很明顯感受到腦內啡的分泌（Runner's high）！那是一種極度特殊的感受，當前所未有的感覺浮現時，我立刻知道那就是傳說中的腦內啡！我全身發麻，明明戴著手套，卻能感受到冷風騷過指尖；雙腿的痠痛完全消失、雙腳彷彿踏在彈簧墊上、左耳聽到間斷而令人舒服的蜂鳴般高頻聲音……但這天堂只維持了約莫短短一公里，隨後，立即進入地獄！

三十二公里到三十七公里絕對是地獄……不是「痠痛」，就是很單純的「痛」，大腿與小腿、臀部的肌肉就像是被火燒灼一樣……我意志消沉、信心全失。天候變化對精神力也是極巨大的考驗，記得起跑時氣溫還有二十幾度（因此我選穿了短袖），但過了三十二公里後卻突然下起傾盆大雨、刮大風、氣溫還驟降到五度以下……我被雨滴打到連眼睛都睜不開……忍受著極巨大的疼痛感移動著雙腳，卻心灰意冷地覺得自己再也無法前進……

> 試試看，才知道人生會走往哪個方向，也足以證明自己變堅強。
> 往後的日子無論遇到任何困難，我都有信心不會回到過去的黑暗。

「不可能停下來……氣溫太低，如果停下來改用走的，體溫驟降、乳酸堆積會更痛……」我清楚知道這個道理，只好督促自己一直繼續跑下去。記得賽前我還在嫌棄名古屋街景太無趣，但現在卻痛到什麼都看不見。此時身旁的女跑者都低著頭，將速度降到每公里七分半、八分鐘以下，甚至有名瘦弱的女生瘸著腿，應該是已經扭傷了？卻依然不放棄地一步步在前進。沒錯，還剩下五公里，即便用走的也能夠完成！倘若我是她，我也不會放棄！

我受到那名女生鼓舞，堅持了意志，卻依然不敵劇烈的疼痛感……三十七公里時，疼痛度達到最高點。我落下眼淚，在心中默默對譚大寶說：「大寶，你姊姊是個很厲害、可以跑完四十二公里的人喔！」然後，我笑了出來，雖然眼淚並未止住，但我確實以這個意念撐了下來。

大寶！姊姊很厲害跑完四十二公里了

一切的一切、這一年半來一切努力的原點，都是為了證明自己已經變堅強了。我的人生曾走過被霸凌的孤獨童年、整整六年憂鬱症的時光。曾有很多人不相信我會好起來、不相信我走得出來，但我做到了。當我在摸索人生目標卻處處碰壁的當下，曾給予我極大撫慰力量，甚至被我視為親弟弟的貓咪大寶離開了……我決定放手一搏：我要完成一件過去覺得自己永遠不可能達成的目標，我要跑全程馬拉松！試試看，才知道人生會走往哪個方向，也足以證明自己變堅強。往後的日子無論遇到任何困難，我都有信心不會回到過去的黑暗。

「沒騙你吧！你姊姊是個很厲害、可以跑完四十二公里的人喔！你上天堂後我自己照顧自己就好了！」我在心中持續對譚大寶說著。此刻，我因為疼痛而掉下眼淚，卻也同時因為喜悅而笑了出來。滂沱大雨打在臉頰上，沒人看得見我的表情，但我想，我應該是充滿自信的吧？

我不只回憶起過去一年半以來為了全馬而鍛鍊的自己：從一個體重七十公斤、極痛恨運動的學生，到走路會昏倒的厭食症患者……而這一年半來，我居然能夠一天練跑七公里，只為了達到「完成全程馬拉松」這個目標……我著實為自己感到無比驕傲。

最後剩下四公里，稍微平復激動情緒的我試著拉回步速。而緣分真的好奇妙好奇妙……在一萬四千多人當中，我居然遇到一同起跑的東京ＡＦＥ路跑團體的女生，她們的速度很快，於是我也提高步速到每公里約六分鐘，果然沒多久後就看到起跑點旁的四十二公里立牌。我們四個人手拉著手，邊尖叫邊衝進名古屋巨蛋，狂奔過最後一百九十五公尺。那感覺真的太劇烈，彷彿壯闊的音樂在四周響起……通過終點線那一刻，我的心中帶著極巨大的喜悅。

我看了看左手腕上的ＧＰＳ手錶，四小時五十七分，我居然在五個小時之內完成了自己的初全馬。二〇一三年三月十日，日本名古屋，這天就是我重生的日子。

完跑後我與日本 AFE 路跑團體的女生一同到達終點，我們都是第一次完成全馬，不由自主地相擁而泣。

與志同道合的好朋友跑在一起，
是一種完全不同的體驗。

啟發我的偉大跑者們＋我的路跑團體

去年在參加上海馬拉松半馬賽時，我頭一次接觸到「路跑團體（Running Team）」與「團跑（Crew Run）」這種東西。無論是來自上海、香港、廣州……或是倫敦、紐約的路跑團體都充滿專屬於次世代文化的潮流感。這些跑者大多從事設計創作工作，也有DJ、詩人、造型師……盡是些在年輕社群中具有影響力的菁英分子，他們不僅將路跑融入生活之中，也更重視跑步時的穿著打扮、以及身為一名跑者該有的生活態度。當時我就想：若我能將這概念帶回台灣，找些志同道合的好友、組成一個路跑團體，或許能帶動更多年輕人跑起來？

總之，「朋友的朋友」是個強大的鏈結力量；幾經波折之後，我們終於成立了專屬於自己的路跑團體「Amazing Crew」，成員有設計師、插畫家也有媒體工作者。最值得一提的是，我的成員們每個都比我更會跑、更專精於運動，在社群網站上能發揮的影響力也比我還遠大；以至於每次公開聚跑時，總會有粉絲要求與我們的團員簽名合照。這是一個極好的效應，在我們成立沒多久後，立刻感受到有越來越多年輕人與志同道合的朋友們跑在一起，甚至能看到在街頭、田徑場夜跑的跑者年齡層有逐漸降低的趨勢。

我們真的不需要為了跑步而「減少」什麼，跑步乍看之下是個孤獨的運動，事實上，我們卻可以讓朋友「加入」自己的跑步生活之中。與朋友跑在一起是種完全不同的體驗，不但可以聯繫感情，還能督促自己不斷進步。當我在名古屋完成全馬後，一度落入失去目標的低潮，但團員的精進勉勵了我。現在，我們共同報名了二〇一四年的東京馬拉松，我們也以此為目標在不斷練習著。

除了朋友的影響，完成全馬後的這段時間，我也有幸受到許多偉大跑者的

關家良一先生的自傳帶給我無限的啟發，
他的經歷更是令人神往。（遠流 提供）

啟發。

自從閱讀了亞洲超馬神──關家良一＊註二先生的自傳後，我感受到某條神經鏈被開啟了……我驚異於人類在超級馬拉松（Ultra-Marathon）上所能達到的極限。曾被我視為極艱困目標、花上我一年半努力鍛鍊才得以完成的四十二公里全程馬拉松，居然只是關家先生賽前「每日」的練習量。而他挑戰斯巴達松超馬賽（Spartathlon）奪冠的經歷更是使人神往；這場賽事，所有選手必須在三十六小時內跑完兩百四十六公里的路程（從雅典跑到斯巴達），也就是兩千五百年前，雅典指派傳令兵斐裡庇得斯（Pheidippides）前往斯巴達求援的同一段路程。

我一直認為馬拉松是個極度「浪漫」的運動，兩千五百年前，要不是傳令兵斐裡庇得斯連續跑了一天一夜、向斯巴達王求援，希臘根本不可能戰勝波斯大軍；而負傷的他，更以最後的力氣再度從戰場跑回雅典通報勝利後便死去。往後數千年，世界上仍有無數的人在跑著馬拉松、甚至是超級馬拉松，這何嘗不是一種極壯闊而具大時代感的浪漫情懷？

「如果我是斐裡庇得斯，我在生命最後的奔馳中，到底會帶著怎樣的喜悅呢？」我不時如此想著。

＊註二：日本超級馬拉松名將，隸屬日本巨人馬拉松軍團，是現任亞洲二十四小時超級馬拉松紀錄保持者，也曾二度獲得「希臘斯巴達松超級馬拉松賽」冠軍。

關家良一：跑步後找回原本的自己

關家先生在二〇〇九年以二十一小時又四十八分的成績奪冠斯巴達松超馬賽，這場艱困賽事每年只有一百多名來自世界各地的頂尖選手參與，完跑率不到三分之一……而更令我感到驚異的是，關家先生原本就跟我們一般人一樣，是個半路出家的業餘馬拉松跑者，並不是職業運動員！直至今日，他的主業還是一名每日正常上下班的工程技師。

二〇一三年四月份，與台灣淵源頗深的關家先生出版了另一本中文書籍，而剛完跑初全馬的我，居然有幸受到出版社邀請與關家先生在新書發表會上對談，直接面對面向他請益。

「您當初為什麼想要跑超級馬拉松呢？」我問到。

黝黑的關家先生靦腆地笑瞇了眼睛，似乎有點不好意思地回答到：「就是想跑跑看吧……看看自己到底能跑多遠？」

這答案立即讓我聯想起經典電影《阿甘正傳》（*Forrest Gump*）＊註三中長跑的橋段，要成為傑出的跑者往往不需理由，只求一股正向而執著的力量；而這種力量能影響好多好多人。我領悟到：與其等待尋找到下一個目標再起步，不如先毫無理由地跑著，人生自然會找到方向。

在這次對談中，關家先生還解除了我長久以來的疑惑，就是「為什麼日本人如此熱愛馬拉松？」

關家先生略加思索後給了我答案。他說日本人很重視「道」的精神，武士

＊註三：《阿甘正傳》是一部根據同名小說改編的美國電影，榮獲多項奧斯卡大獎。由於主角慢跑至全美各地的劇情，也被視為是關於「長跑精神」的代表電影之一。

亞洲超馬神——關家良一先生的經歷給了我很大的啟發，很難相信身為世界頂尖超馬選手的他至今仍然是業餘選手。

道、花道、茶道……這些都是「道」，馬拉松就像是一種「道」；「道」的精髓不在與其他人拚勝負，而在於專精與自我超越。

因為開始跑馬，我逐漸認識了越來越多馬拉松跑者，這是我過去未曾接觸過的領域，而我發現這些傑出跑者在人格上都有一種共同特質——「幽默」。雖然不知道他們是因為先擁有了正向思考的能力才成為跑者；還是成為跑者後才培養出正向思考的能力？但至少對我來說，幽默感這種東西是與生俱來的，我曾經失去了它，甚至成為一位極度嚴肅、鑽牛角尖的人，直到開始跑步後，我才又找回原本的自己。

馬拉松國手張嘉哲和他的奧運號碼布

二〇一三年七月份的一場運動產品公開活動上，我遇到台灣馬拉松國手張嘉哲，他曾在紀錄片《朽木。真男人》中說到：「曾經覺得奧運就像是月球上的事，完全是另一個世界……只是二〇〇七年開始，卻發現這個世界離我越來越近。」二〇一二年，他果然代表台灣出戰倫敦奧運。

活動上的張嘉哲眼神堅定，談吐極度風趣；他將倫敦奧運的號碼布用別針隨意別在背包上，看來簡直不像是什麼貴重的東西。我問他：「你為什麼要把號碼布別在那裡呢？」

照我們一般人的邏輯，每張號碼布都是自己完賽的證明，是很值得私藏的東西，甚至有些跑者會將具紀念意義的號碼布裱框掛在牆上，等到親朋好友來訪時再如數家珍地一一介紹。但身為國手，張嘉哲卻一反常理，居然就將極珍

真男人張嘉哲居然將他參戰倫敦奧運的編號「3030」號碼布簽名送我，這舉動讓我見識到「帥」的真諦！

貴的奧運號碼布隨興掛在背包上，還有點兒歪歪斜斜的，隨意一擰就扯得下來。

「這樣才能耍帥啊！」他不是很認真地回答了我的問題，我被逗笑到闔不攏嘴。但就在我還沒反應過來的時候，他居然隨即做了一件真的「帥到嚇人」的事情……

「這給妳！」他將號碼布拆下來、簽了名後遞給我。

我當場呆愣著，完全不知道該做何反應？他又說了一遍：「這送妳吧！」

「我……我不能收吧？這是奧運號碼布啊……」

「沒關係啦，這給妳做紀念，奧運我再去就有了！」

在那當下，我確定張嘉哲「台灣真男人」的稱號不是浪得虛名！現在，這塊號碼布依然被我好好地存放在玻璃櫃中，每次跑步前我都會看看它，就像能藉此得到什麼助力一樣。我不求自己能跑得像張嘉哲一樣快，我只期許自己能擁有像他一般的大器。

超越全馬的挑戰？

雖然過去熱衷於練跑時，那種如戀愛般的愉悅感激勵了我整整一年半，但第一次完跑名古屋全馬後，我隨即進入了一個很大的低潮期；我不知道自己的下一個目標在哪裡？我曾經嘗試著讓自己的跑速提高，替自己設立另一個完成全馬的時間標竿，但基礎能力不足始終帶給我很大的挫折感。我就像是一個不懂得經營婚姻的丈夫，娶了曾經瘋狂追求的校花回家後，卻不知道要如何跟她相處？只好茫然地看著她離我越來越遠。

能夠完成全馬靠的是「意志力」，令人感到挫折的事實卻擺在眼前：「意志力」終究比不過「能力」。一般健康的人跑十公里可能只要花個一小時，但用一小時跑完十公里對我來說卻已經是很辛苦的速度了。即使我是一名全馬跑者，但我初始能力的起跑點確實不如別人優越；體育終究是體育，我只是比其他運動白癡努力，但終究是一個運動白癡。

自暴自棄的想法一一湧現，我知道自己必須將體能維持在「能夠隨時參加路跑賽」的狀態，但當初那種戀愛般的愉悅感已不復再見。我甚至回憶起小時候的自己；打籃球投不進球，踢足球踢不到球，體積大更是讓我成為被躲避球攻擊的頭號目標。「運動」帶給我的只有自卑感，我完成了42.195公里，卻只看到更加渺小的自己。

二〇一三年七月份的某個深夜，我來到當初自己練跑的起點——國父紀念館。仁愛、光復、忠孝東路、逸仙路上有條幾近完整正方的環狀人行道，在那兒跑一圈恰巧是一點四公里，很容易計算。雖然我今日只打算小跑個三圈就回家睡覺，但我相信這短短五公里，就能讓我找回當初練跑時那種純粹的感動。

我跑著跑著，速度越來越快，夏夜的高溫令我汗濕了全身……緊接著，一股熟悉的味道突然撲鼻而來——流浪漢；光復國小附近路段的長椅上，總躺著一位流浪漢，只要經過他方圓三公尺之內，都必定能聞到強烈的氣味。我確信那氣味不是來自骯髒的衣物或圍繞在他四周的「家當」寶特瓶、紙張、報紙，我確信異味是來自於他那個「拒絕社會化」的反叛生命意識。可能他的身體機能已經崩壞了，但卻總是維持著再正常也不過的生活作息；每當我深夜在那路跑，總看到他已經就寢，反觀只為了「證明自己」而跑著的自己，實在是庸俗至極。

我很感謝那名流浪漢，每當我跑過他身邊時，都是我逃離自己的片刻休息時光。我摀著鼻子，在那一刻，我不會去思考自己有多脆弱之類的問題。就某種程度而言，奔跑在令人毫無環境記憶的路徑之上，往往比在惡劣天候中還令人感到害怕；因為你必須與自己對話，你沒有地方可逃。

當我回過神來、看看左手腕上的GPS手錶時，發現自己居然已經跑了十二公里。這十二公里，我一如往常跑得不快，也沒有跑得比較輕鬆，但我卻花了整整一個多小時在檢視自己，我因此感到很完滿。這就足夠了，「因跑步而圓滿了自己」，這無非就是跑步所追尋的最終意義。我依然想為自己設立下一個實際目標，例如在十年之內完成一場八十公里以上的超級馬拉松賽，但無論目標是什麼，我確實已經著迷於奔跑本身了！我想體會腦內啡分泌的感覺，所以如嗑藥一般迷戀著奔跑這儀式。

那名流浪漢至今還熟睡在相同的位置；對他來說，在這一年半間，世界並沒有任何改變……對我來說也沒有。無論是過去孱弱的自己，亦或是現在意志堅強的自己，我們都是人生跑道上的跑者。當不知道該做些什麼時，就跑吧！想那麼多幹嘛？

全世界距離最長的馬拉松接力賽

二〇一三年八月，歷經十二個小時以上的飛行，我與來自北京、上海、香港、廣州的朋友們一同來到美國奧勒岡州的波特蘭市（Portland, Oregon）。

與其等待尋找到下一個目標再起步，
不如先毫無理由地跑著，人生自然會找到方向。

「妳來波特蘭做什麼？」就與美國各大機場一樣，下飛機通關時，波特蘭機場的海關人員會向旅客詢問例行性問題。

「我來參加Hood to Coast……」

「喔？那妳跑第幾棒？」

「我跑第一棒。」

「嗯……第一棒是很陡峭的下坡，不好跑喔！」

海關人員居然主動與我討論起棒次細節！可見這場賽事對波特蘭城的居民來說，無非為一年一度的大事！

Hood to Coast馬拉松接力賽是全世界距離最長的接力賽，全長三百一十五公里，由一隊十二名跑者共同接力完成；雖然每個人只需負責約三十公里，而且是拆成三個棒次分開跑，但整場賽事的地形變化相當大，而且中途完全沒間斷。每支隊伍都將會駕駛兩台廂型車，每台車上各坐六名選手、一名司機，只要一名選手跑出去了，整台車就要移動到交棒點將下一名選手放下去接棒；一台車六名選手都跑完後就輪到第二台車開始跑，但在第二台車的選手完成之前，第一車又必須長距離移動到第十三個交棒點預備……總之，就是在三十六個棒次輪完之前，所有人都不得休息。

已經舉辦了三十幾年的Hood to Coast是場具有歷史性的盛會，每年都會有一千多隊（也就是一萬多人）報名參加，其中還包括已經連續參加了十幾年的當地隊伍，他們總是常勝軍。

在Hood to Coast接力賽起跑前天，我們先來到奧勒岡大學的傳奇田徑場「Hayward Field」參觀，
這裡曾是名教練Bill Bowerman作育英才的地方。

雪山起跑點！ 擔任第一棒的我有幸在絕世美景中起跑。

「接力賽」不只對我而言新鮮，就連其他十一名隊友也都是頭一次參加接力賽；我們曾在去年的上海馬拉松時一起完成過二十一公里半馬……是的，就是那場有許多路跑團體參與，熱鬧哄哄的上海馬拉松。當時是我第一次體會到「跟朋友跑在一起」的感覺，我們發揮團隊精神，一同從起點跑到終點。但這次，我們為自己設下了一點時間壓力：我們要在二十八小時內通過終點！對我這種步速慢的人來說，「團隊壓力」可是遠遠大過於完成馬拉松的自主壓力！即便如此，能夠與不同城市的朋友一起來到美國、一棒接一棒地完成這三百一十五公里旅程，依然是值得興奮與期待的一件事。

負責第一棒的我，在美國時間八月二十二日早晨九點從雪山起跑。就如同波特蘭機場海關人員所說的一樣：第一棒是個長達九公里的急遽下坡，非常不好跑！「膝蓋」對跑者來說相當重要，而只要有在長跑的人都會知道「下坡比上坡難」這個道理；上坡是在考驗心肺與肌耐力，但跑下坡時要是姿勢與施力點不正確，就會為膝關節帶來很大的傷害。

伴著奧勒岡雪山壯闊的風景與杉木林、以及整場賽事所散發出的「八〇年代迪斯可歡樂氛圍」（或許是因為Hood to Coast起源於一九八〇年代），我僅以四十幾分鐘就跑完九點五公里！交棒後連身為北京職業運動員的隊友都稱讚我跑得快。當時我沒預料到的是……這是接力賽，不是馬拉松……用盡全力跑完第一輪的結果，就是為第二、第三輪帶來很大的身體負擔！

車子不斷移動到一個又一個交棒點，轉眼之間，這台車的六名選手都已經跑完。我們在車上吃著香蕉與麵包，雖然想稍睡一會兒，但卻必須時時關切著第二車跑者們的速度，而一路上的嚴重塞車情形也讓人急得像熱鍋上的螞蟻，萬一因車子塞住而無法與下一名跑者交接，那跑者跑得再快也沒有任何意義了！好死不死，我本來就是一個很容易暈車的人，睡眠不足加上走走停停的車行速度更是壓垮駱駝的最後一根稻草……到了下午，即將換我交接第十三棒之前，我居然因為嚴重暈車而嘔吐了……第十三棒的地形是波特蘭市區內的平地，但總長卻超過十二公里。夕陽西下前的炎熱高溫加上虛弱的身體，這十二公里我跑得生不如死，花了一小時又二十分鐘才完成。

「原來長距離不間斷接力賽的難度大於馬拉松啊……」

當然不只我這樣想，連同車上的職業選手跑完後也表示：「這實在是挺折騰人的……」更何況那位選手，還是名能在兩小時三十分內完成全程馬拉松的國家級運動員。長距離接力賽的形式會讓肌肉在冷卻下來後被強迫重新啟動，對於專業長跑者來說，這全然是一種不同領域的技巧。

精神力或許也會影響到表現？反觀之下，歡樂氣氛高昂的第二車跑者狀況一直都很好，他們以超快速度跑完六個棒次，接著就輪到我完成自己的最後一輪：第二十五棒。第二十五棒路程不長，只有短短六公里不太陡峭的山路，但輪到我跑時已是深夜四點半，四周完全是伸手不見五指的黑暗。我必須戴著頭燈、穿著反光背心，跑在連手機都收不到訊號的原始森林；這確實是非常難得的體驗！

我跑在雪山的杉木林中，而身旁呼嘯而過的車子都會為路途中見到的跑者鼓勵。

不要放棄！相信妳自己！妳可以做到！

路途中，我遇到了一名黑人男性跑者，他的步速和我差不多，我決定與他跑在一起。他立即在黑夜中察覺了我的存在，然後開始以言語鼓勵著我。

「加油！妳一定可以跑得更快！」

「可是第一棒的下坡跟第十三棒的長距離搞搞死我了……」

那名男子一定和我跑過同樣的棒次；而我們現在的步速只有每公里六分半左右，我想他應該也是被前兩輪搞垮了……

「沒關係，不要放棄！相信妳自己！妳可以做到！」

他竟然如此堅定地回答意志消沉的我，我這才突然想起：一整天的路程中，我受到了好多好多鼓勵！無論是公路上其他團隊的車子，或是經過身邊的跑者；不論男女老幼，他們都會對眼前的其他跑者大喊加油！雖然這是場競賽，但能在三百一十五公里中相遇實在是緣分，在黎明前的此刻，我似乎能感受到Hood to Coast這場世界最長接力賽的精神了。

「謝謝！謝謝你！」

我隨即加快了腳步，就如同不能辜負他的鼓勵一般。

當我們第一車全部完成時已經過中午了，我們先驅車前往終點線的海灘，在那邊等待與第二車的跑者會合。即使二十幾個小時沒洗澡、沒睡覺、沒好好

我因為相信自己做得到而挑戰馬拉松；我因為相信自己能痊癒而挑戰憂鬱症；我因為相信；而樂於面對懦弱的自己，我相信這個負面的情緒將成為我往後前進的動力。

吃一頓飯……但眼見奧勒岡海邊白沙與藍天構成的絕世美景，還是令人精神為之一振。當最後一棒通過終點線後，我們開心得手舞足蹈、在沙灘上奔跑跳躍。雖然我們最終花了二十八個小時四十七分跑完，並沒有達成目標，但隊員們可是產生了無與倫比的革命情感。我們手牽著手在夕陽下踏浪，直至夜幕低垂。

翌日回台灣後，我累到昏睡了整整十六個鐘頭。至今與隊友在網路上談論起旅程中的點滴趣事時，大家仍然會熱烈回應。

「把『長跑』侷限在公路馬拉松實在是太狹隘了！」我如此告訴曾經因畫地自限而自暴自棄的自己。

雖然不需要任何特殊形式、只要能夠單純地跑步我就已經非常滿足了，但長跑的世界是很浩大的；在這個世界中，我們追求的不是輸贏勝負而是「完成」的成就感，也因此，我們更該勇於嘗試新事物，並為其他跑者加油鼓勵。我在這三百一十五公里中看到的，可不僅只奧勒岡州的絕美風景；還有跑者的意志力，與真正的運動家精神。

順帶一提的是，Hood to Coast中不只一個隊伍有使用「彎刀義肢」的殘障跑者，還有老年人、盲人……無論他們的步速是快是慢，都是令人敬佩至極的偉大跑者。

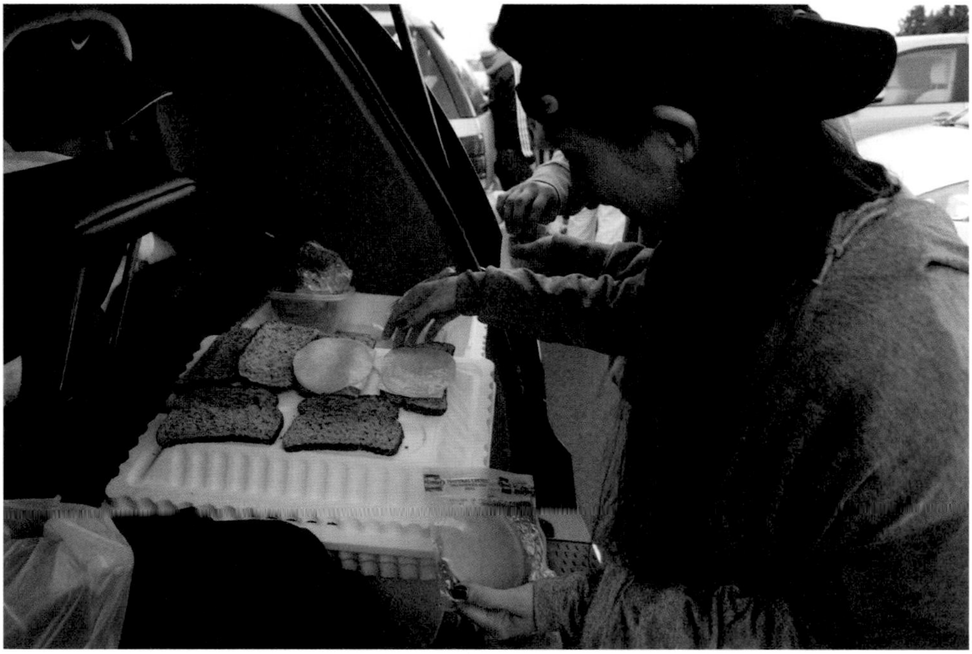

起跑的早晨，我負責為同車上的跑者做三明治早餐。

經過二十八小時奮鬥，到了終點線眼見海灘美景，成員們都精神奕奕。

終於體會到跑者的愉悅感

最終，我還是跑到了這個階段；我指的不是馬拉松，而是人生的階段。起跑線的崎嶇似乎就在預告著路途的艱難，這場賽事並不順遂，但我依然克服了重重撞牆期，最終體會到跑者的愉悅感。如果沒有其他人的鼓勵，我不可能突破難關；但與其說意志力是精神上最重要的資產，倒不如說是「相信的力量」，我因為相信自己做得到而挑戰馬拉松；我因為相信自己能痊癒而挑戰憂鬱症；我因為相信，而樂於面對懦弱的自己；我相信這個負面的情緒將成為我往後前進的動力。

有人問我：「要是妳當初早知道跑步能帶來正向的力量，就不會受憂鬱症折磨了吧？」

我回答說：「要是當初沒有經歷過生命的低潮，我現在也不會體悟到長跑的美好。」

因為我曾摔了一跤、跌落谷底，很痛很痛……於是當我爬出來後看到的世界，遠比從未受過傷的人還來得美好。生命的歷程是不可預測的，但就跟馬拉松一樣，重點在於完成它。正因為有爸爸、媽媽、譚大寶、朋友、啟發我的跑者，以及所有曾給予我鼓勵的人，我才能夠持續跑下去、我才能夠持續挑戰這條看不見終點的人生路。

我認為人之所以生而為人的目的，就是在影響其他人；我因為受到很多人的正向影響而重生，於是今日，我也希望能盡自己的力量去影響其他人。我自詡為一名「長跑傳教士」，就算我腳程不快、跑步的姿勢不好看，但我只想盡自己的小小力量，去告訴那些和我過去一樣曾深陷泥沼，甚至是失去信心的人說：「你看，連我都能跑了，你一定也可以！」

未來，我可能會遭受到很大的挫折、可能會受傷、可能會失落，但只要我還在生命這條賽道上，我就不可以放棄前進。

最受歡迎的跑步專欄作家約翰．賓漢（John Bingham）*註四說過一句話：「奇蹟不在於我跑完了，奇蹟在於我有勇氣起跑。」

我現在發現，這一切歷程都不是奇蹟；而是可能發生在每個人身上的。長跑是上帝給人類的恩賜，卻也從來沒有任何一種運動能像馬拉松一般，這麼簡單，卻帶給人們這麼多啟示。

「跑者的愉悅感」可能很快就會消失，但就像週期輪迴，我可能將再度遇上撞牆期、再度突破……就算遇上道路中斷也不打緊，因為我相信；人生無論在什麼時候，都會有一條路，等著你重新站上起跑點，繼續前進。

*註四：美國馬拉松跑者、作家，著有多本著作。他推動追求長跑單純的愉悅感，而不是追求速度與成績。

「我學到無論跑步與人生都沒有所謂失敗，
只要你拒絕停下來。」──波士頓馬拉松冠軍．安比．波爾富
"I have learned that there is no failure in running,
or in life, as long as you keep moving." ── AMBY BURFOOT

A LIFESTYLE

PART 3

RUNNING IS

打造完美的跑步生活

3-1

RUNNING APPAREL & GEAR

跑步時尚穿搭

將時尚穿搭元素融入
運動生活之中，
女孩們會更加愛上路跑！

與大部分體育項目相較起來，跑步真的是個「低成本」的運動；幾乎只要穿上運動鞋、套上現有的休閒服裝就可以進行，根本不需要另外購置昂貴的器材與設備。但老話一句：工欲善其事，必先利其器；對於剛開始接觸路跑活動的女生來說，了解「專業穿搭」的正確性，將能避免長時間運動後對身體帶來的不良影響。

就拿我自己的親身經驗舉例：我剛開始在夏夜練跑時，上半身總是穿著舒服的棉質T恤，到公園跑個二十分鐘，然後步行三十分鐘再回家洗澡。剛跑完時會覺得汗濕的上衣變得很重，對於當時來說影響不大，但在進入秋冬之際、氣溫驟降，問題就來了：濕透的棉質上衣久久不乾，在寒風中冷冰冰地貼在身上……走路回家前果然就受寒感冒了！我這才知道，原來各大運動品牌推出具「吸濕排汗」功能的跑步服還是有其必要性。比棉質輕量化不但能減輕跑步時的身體負擔，快乾材質也能防範夏季體溫過高或汗液殘留在皮膚上的不適感。如果只是跑個一、兩公里可能沒什麼，但只要跑超過三公里以上，妳就能發現這些「小小的不舒服」將會變得很巨大；更何況是數十公里的馬拉松。

再舉一個例子：以前我完全搞不清楚跑者所穿的「專業緊身貼腿褲」到底有什麼用途？後來才知道，在長時間運動時，穿著具有肌肉分段加壓功能的Legging確實能提高肌肉耐力、減低長跑後的疼痛感。除此之外，在視覺上還能有修飾身材的附加價值。

人們總誤會長跑是件無趣的事，但若能在不失機能性的前提之下，將時尚穿搭的元素融入運動生活之中，我想女孩們應該會更加愛上路跑！

過來人經驗談

剛開始跑步時我不太重視運動服裝的「外觀」，總覺得只要舒服就好；結果開始參加路跑賽後，才發現原來好多女跑者都會裝扮得很可愛！讓我對於「隨便穿穿」的自己實在是感到很慚愧……玩樂時會盡心打扮，運動時也應該如此才對！我在世界各大都市都曾看到精心穿搭的女孩在跑著，她們的陽光朝氣本來就能感染許多人了，但美麗的外在更是加分。以往機能性服裝的選擇不多，但現在各大運動品牌都推出了許多功能與美觀兼具的跑步服，只要善加搭配，就可以讓路跑成為如派對般的趣味活動！**順帶一提：穿著專業服裝除了能提升運動效率之外，也能讓自己「看起來很厲害」。既然已經穿得很厲害了，怎麼能不真的厲害呢？在改穿專業服裝之後，我的練跑動力也大大提升了！**

ROUND 1

QUESTION & ANSWER

關於跑步穿搭

Q1 跑步時的服裝要選擇什麼材質？

A 跑步服裝最好是選擇具有「吸濕排汗（Dri-Fit）」機能的材質，避免穿著無法排汗、慢乾的棉質衣物。而粗麻、單寧牛仔布之類硬挺的布料更是千萬不行！長時間運動下，過硬的的布料可能會造成皮膚磨傷。如果是在冬季路跑，可以加件風衣外套預防體溫流失。要注意的是，Dri-Fit布料在洗滌時不可以使用柔軟精，因為含矽的柔軟精會附著於纖維細縫中，破壞衣物原有的吸濕功能。

Q2 跑步服裝要選擇什麼顏色比較好？

A 一般來說，我會建議選擇亮色系的衣服，不但看起來有朝氣，也能兼顧安全性；倘若想選擇黑色、深色系等看起來較酷的跑步服，也請務必選購有「反光條」設計的服裝！我曾在某次深夜路跑時，差點與一名跑者正面高速相撞，只因為我們倆都穿著全黑沒反光的衣服……與人相撞事小，如果讓汽車駕駛看不清楚可就糟糕了！跑步服裝的顏色選擇還是取決於個人風格，我喜歡在春天穿粉色系、夏天穿看來清爽的藍色系，秋冬就把最具機能性的大地色系裝備穿上身。

Q3

想減肥燃脂的話 多穿一點有用嗎？

A 維持身體的基礎體溫對減肥確實會有幫助；為了保護內臟機能的安全，人體在溫度較低的狀態下會自動堆積脂肪、造成體脂肪上升，所以冬天跑步保持身體溫暖是很重要的。坊間長久流傳有「穿雨衣跑步減肥」的說法，但這種作法有一定程度的危險性，在夏天施行甚至有造成中暑的可能！而身體減去的體重也大都是水分，並不是脂肪。總之，要提高跑步減肥效益與其多穿衣服，倒不如維持每週三次、每次三十分鐘以上、心跳達到一百三十下的「三三三」運動頻率。

Q4

慢跑短褲 要怎麼選擇？

A 坊間運動用品店都有各種長度尺寸的慢跑褲可供選擇，有的是輕量化的Dri-Fit材質，也有緊身的款式。其實慢跑短褲的機能性不須很高，但在選購上有幾個重點：

① 不能過長，否則跑步抬腿時，褲緣與大腿前側摩擦會產生不舒服感。

② 腰帶部分不能過緊過鬆，材質也要柔軟、不能摩擦腰部。

③ 可以選擇有附暗袋、拉鍊小口袋的款式，路跑時可把鑰匙零錢放裡面。

Q5

機能性緊身貼腿褲 要怎麼選擇？

A 跑步專用緊身褲有兩種；一種是不具機能、純粹禦寒與搭配用，另一種則有特殊分段加壓設計、「控制」肌肉群、改善乳酸堆積（較不易痠痛）。後者的價位會比前者高上很多，專業級的跑步Legging一條甚至要五千到近萬元台幣。至於選擇方面，我覺得還是看個人所需，如果妳今天是要在秋、冬季做十公里以內的路跑訓練，或許只要禦寒功能就足夠了；但若要挑戰馬拉松，就可以考慮購置一條機能性緊身褲。

A
SPRING COLLECTION
春季穿搭

春暖花開令人心情愉悅，在這個溫度適中、天候良好的時機，不妨特別到郊外富有美麗景色的地方慢跑！雖然台灣的春季並不長，但依然是路跑賽旺季；三月份的「新北市櫻花馬拉松」就是這個季節具代表性的國內賽事之一，賽道沿途都能看到美麗的山櫻花與桃紅杜鵑，無論身體跑得再疲累，心靈也能受到美景療癒。以國外賽事來說，鄰近台灣的韓國在四月份也有場「慶州櫻花馬拉松賽」，參加過的跑者都對其滿山滿谷的花海感到印象深刻。無論有沒有計畫參加路跑賽，三、四月份都應該起個大早路跑去！

春天對女生來說就是個充滿櫻花般淡粉色的季節，穿著主色調可以選擇粉紅色或者如暖陽般的亮黃色。略帶涼意的氣溫之下可以在短褲內另外搭配一件緊身褲，上衣則是舒服的吸濕排汗短袖T恤。如果要多加一點變化，可以將緊身褲換成長統襪，或是戴上兼具裝飾性與功能性的髮帶。跑鞋建議選擇亮色系的編織款式，輕盈又有活力。

台灣春天不常下雨，但太陽稍大，女生在路跑前還是要擦上防曬油。另外有過敏體質的人，則必須避開有花粉、棉絮飄散的地方；即使是在田徑場練跑，只要能享受到許久未見的陽光就是件幸福的事。

FLYKNIT
IS FOR
WINNERS

SPRING COLLECTION

HOW TO WEAR IT?

A

穿著主色調可以選擇粉紅色或者如暖陽般的亮黃色，輕盈又有活力。

1 **吸濕排汗T恤**：春天建議穿著吸濕排汗的短袖T恤。

2 **慢跑短褲**：慢跑短褲可以選擇輕薄飄逸的款式，或是慢跑裙。

3 **七分緊身褲**：如果天氣稍涼，可以選擇跑步專用七分褲緊身褲款式做搭配。

4 **運動髮帶**：兼具裝飾性與功能性的運動髮帶，不但能預防跑步時頭髮亂掉，也能增加穿搭變化。

5 **運動胸罩**：運動胸罩可以選擇與跑鞋同色系的款式，跑步時微微露出小心機。

6 **輕量化編織跑鞋**：乾爽氣候建議選穿輕量化的編織跑鞋，顏色則可以選擇亮色系，看起來健康有活力。

7 **跑步專用長統襪**：天氣溫暖的話，不妨用短褲搭配粉色系的跑步專用長統襪。

1
TOP

3
LEGGING

2
SHORTS

4

ACCESSORIES

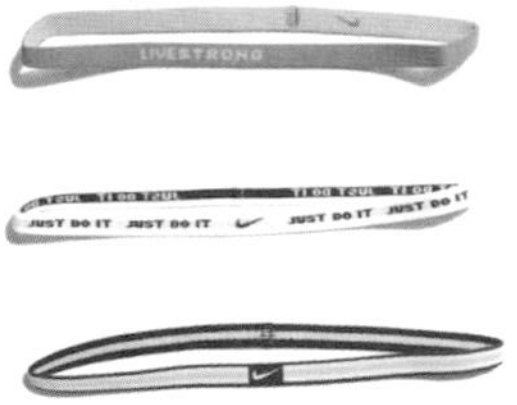

6

SHOES

7

ACCESSORIES

5

BRA

B

SUMMER COLLECTION
夏季穿搭

台灣的夏季長、溫度也高，偏偏夏季對跑者來說卻是最辛苦的季節；在動輒攝氏三十度以上的高溫下，通常只要跑到冬季練習量一半的距離，就會因汗流浹背而感到疲累。也因此，夏季服裝在穿搭上需更加重視涼爽透氣的機能性，身上也不必攜帶太多裝飾性的配件，反倒要注重水分補充、隨身攜帶水壺或毛巾。

自五月份開始，台灣各地都會舉行距離較短（五到二十一公里）的路跑賽，甚至還有高娛樂性的主題夜跑活動；剛開始跑步的女生若要踏進路跑賽世界，就要好好把握夏天的機會。國際賽事方面，六月份在泰國舉辦的「普吉島國際馬拉松」算是世界知名的賽事；除了跑馬拉松之外，也可以順便來個Villa渡假村的SPA行程。另外八月份在日本札幌也有場「北海道馬拉松」，對於大多數跑者來說，夏季在高緯度的北海道跑起來可是相對舒適多了。

如果要在夏天練跑，我會建議將練習時間改在日落之後，除了氣溫較低外，也順便省去防曬遮蔭的麻煩。夜跑時最要注意的就是安全，身上一定得穿著具有反光塗料功能的衣物！如果要在白天練跑，最好是能起個大早，在五、六點左右的清晨就開始起跑，免得因中午溫度過高而產生中暑情形。

2

TO

SUMMER COLLECTION

B

HOW TO WEAR IT?

注重涼爽透氣的機能性，
不用攜帶太多裝飾性配件，
要注重水分補充。

1 **七分緊身褲**：夏季跑步專用緊身褲可以單穿，不必在外面另外搭配短褲；總之以追求涼快作為最高原則。

2 **跑步背心上衣**：跑步上衣盡量選擇布料輕薄、透氣的款式。

3 **運動胸罩**：運動胸罩可以選擇亮色系、能夠外露的款式，對身材有自信的女生跑步時也可以單穿運動胸罩，不用穿上衣。

4 **跑步專用帽子**：夏天跑步時戴著帽子能夠防曬，也能避免陽光刺眼影響視線。

5 **彈性編織赤足跑鞋**：因為氣溫高，不建議初跑者做太長距離的練習，穿著赤足感受的跑鞋更能讓跑者在短距離練習內提升跑感、鍛鍊自身肌力。

1

LEGGING

4
ACCESSORIES
3
BRA
SHOES
5

C

AUTUMN COLLECTION

秋季穿搭

熬過了高溫悶熱的長長夏季，跑者最期待的秋天終於到來。台灣的秋天約從九月底維持到十一月，僅有短短不到三個月時間，卻是氣候涼爽、空氣乾燥，路跑起來最舒服愜意的時節。這段時間可以開始為了冬天的路跑賽季做準備，做一些長距離的L.S.D.長距離慢跑訓練；以輕鬆、不喘的速度連續跑個九十分鐘到兩小時以上，在冬季前儲備好馬拉松所需的充足耐力。

台灣秋天有名的賽事包括在南投信義鄉舉行的「葡萄馬拉松」，除了路徑沿途能看到的南投山區美景外，滿滿的美食更是這場馬拉松的一大特色！當季的現採葡萄、原住民烤山豬肉、小米酒……被跑者美稱為「辦桌馬拉松」的葡萄馬絕對能滿足食慾之秋的味蕾。另外在國際上，「世界六大馬拉松」也紛紛從秋季依序展開，九月份的德國「柏林馬拉松」、十月初的美國「芝加哥馬拉松」都在跑者一生中一定要跑過的名單之列。

在跑步時的穿著搭配上，秋季可以選擇舒服的薄長袖，或是加件跑步專用、具吸濕排汗機能的薄夾克，長袖服裝可以選擇袖口有開洞設計的款式，將大拇指穿過去可以避免奔跑時袖子上捲。下身的穿著則可以延續夏季氛圍，以舒適的七分緊身褲做搭配。

AUTUMN COLLECTION

C

HOW TO WEAR IT?

穿搭以吸濕排汗的長袖或薄外套為主，可選舒適的七分緊身褲做搭配。

1 **七分緊身褲**：跑步專用緊身褲可單穿，也可內搭在慢跑短褲裡面，增加層次感。

2 **跑步專用夾克**：如果天氣略涼，可以穿上跑步專用的吸濕排汗薄夾克。

3 **慢跑短褲**：秋季慢跑短褲與夏天一樣，重視輕薄與透氣。

4 **連帽長袖上衣**：上衣可選擇連帽薄長袖，舒適性很重要。袖口有開洞設計會方便許多；讓大拇指穿過去，避免跑步時長袖往上捲。

5 **運動胸罩**：運動胸罩記得要選擇中、高強度的款式，以應付身體長時間訓練的震盪。

6 **彈性編織赤足跑鞋**：在重視訓練的秋季，一樣要穿上能鍛鍊自身「腳力」的赤足訓練鞋，為了即將到來的賽季好好做準備。

4
HOODY
DRI-FIT
CHOP CHOP CREW
SHORTS
3
5
BRA
NIKE
6
SHOES

D

WINTER COLLECTION
冬季穿搭

許多運動愛好者最討厭的季節就是冬天，失去了陽光的冬天，似乎少了那麼點活力？但對於長跑跑者來說，冬天卻是一年之中最熱鬧的季節，不但世界各大馬拉松、路跑賽事都紛紛於這個季節舉行，冬天冷冽的氣溫更能提升跑者們的鬥志與動力。我自己當初之所以會下定決心要跑馬拉松，也是因為奔跑在一個寒冷冬夜的徹悟。冬天長跑不但能保持頭腦清新，也會因運動時體溫得到制衡而有更好的成績。

屬於「世界六大馬拉松」之列的其中兩馬都是在冬季舉行：美國「紐約馬拉松」、日本「東京馬拉松」。在亞洲越來越受到矚目的「廈門馬拉松」與「香港馬拉松」也是冬天的賽事。台灣本土方面，則有最具代表性特色的「太魯閣峽谷馬拉松」，以及每年都多達數萬人參與的「台北馬拉松」。如果對於自己的體力沒自信，卻又想體會全程馬拉松氛圍的初階跑者，十二月份的夏威夷「檀香山馬拉松」就會是一個好選擇；整場賽事約有高達九成以上的跑者是日本人與亞洲人，而且完全沒有完跑時間限制！

冬天跑步時的穿搭重點是：保暖、防風、反光。由於冬季北半球日照時間較短，具有反光安全塗料的機能性產品便顯得非常重要。跑步時除了穿得暖，也要注意外衣的透氣性，免得因汗液無法散出而使體溫驟降，造成跑者著涼感冒。

1

BRA

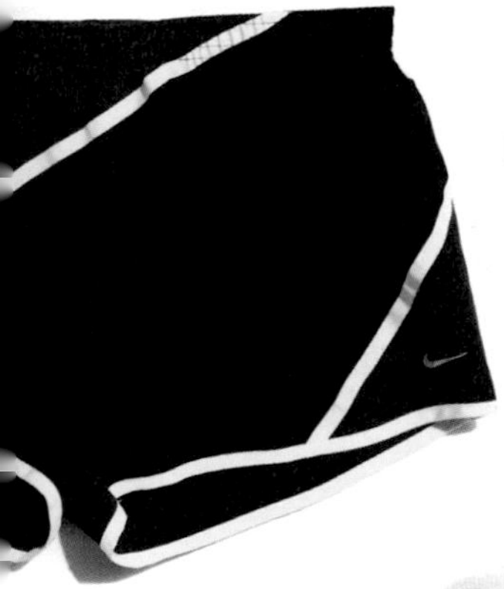

2

SHORTS

WINTER COLLECTION

D

HOW TO WEAR IT?

穿搭以保暖、防風、透氣為主，選擇有反光安全塗料的產品也很重要。

1 **運動胸罩**：冬季運動胸罩要以舒適度與支撐度為最大考量，款式外色其次。

2 **慢跑短褲**：為了提升慢跑短褲的多層次穿搭作用，可以選擇與外套或鞋子同色系的款式。

3 **反光防潑水赤足跑鞋**：跑鞋可以選擇具有反光功能的款式，而在冬季容易下雨的台灣，防潑水、防汙功能也相當重要。

4 **手套**：跑步時手指末梢神經容易感到寒涼，此時跑步專用手套就能派上用場。

5 **反光防潑水外套**：為了跑者安全，冬季跑步專用外套最好要有反光塗料，材質也要是防風、防潑水卻兼具透氣性的。

6 **連帽長袖上衣**：上衣可以選擇高領套頭或連帽的款式，帽子最好要能調整大小，以備防風之需。

7 **九分長緊身褲**：跑步專用緊身褲可以選擇厚質長褲款，或是更具壓縮機能性的款式；有些運動品牌在冬天還會推出有「吸濕發熱」功能的Legging。

3

SHOES

4

ACCESSORIES

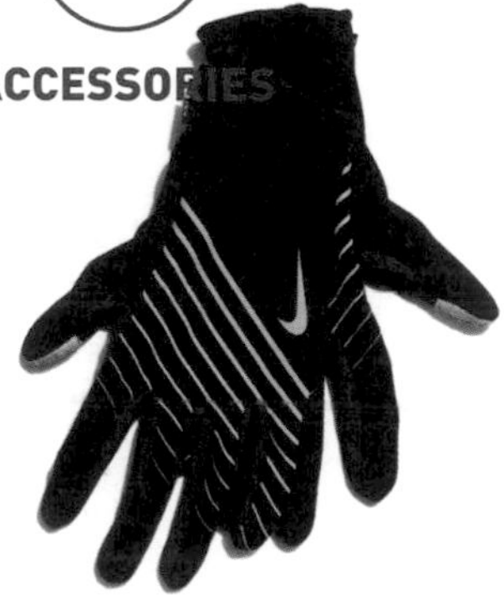

5

JACKET

6

HOODY

7

LEGGING

E

ACCESSORIES
跑步常用配件

　跑步的時候，身上的裝備當然是越輕便越好。一般我們在參加路跑賽時，主辦單位都會準備「衣保袋」讓參賽者在起跑前先寄物，跑者只要兩手空空上路，反正沿途四周都會有補給站提供杯水與食物。相較之下，跑者平日在河濱公園做L.S.D.長距離慢跑訓練時反而比較麻煩，如果找不到親朋好友願意騎車來當「水車」或「移動補給站」，勢必得自己隨身攜帶水壺、手機與鑰匙等小物，此時這些隨身配件的機能性就變得非常重要。舉例來說，跑步專用的腰包就與腳踏車運動的腰包不同，必須更加輕盈、貼身，才能將跑者的負擔減至最低。

　我是一個會在隨身包包內裝滿一大堆雜貨的女生，衛生紙、ＯＫ蹦、護唇膏……幾乎少帶任何一樣東西都會失去安全感；對我來說，跑步時勢必得做出取捨，精簡到最小單位！而這些「必須」或「次需要」物品清單也是從一次又一次的經驗中彙整出來的；記得在跑名古屋馬拉松時，跑過三十公里後突然下起傾盆大雨！等我緩緩到達終點線，臉上連用防水眉筆畫的眉毛都不見了，模樣極度悽慘！反觀同行的日本女生居然像是剛剛補過妝一樣……我這才察覺到，是帽子！她們戴了帽子！天有不測風雲，從此之後，每當我只要計畫跑長程馬拉松時，都會戴上跑步專用的帽子，不但避雨，還可以遮陽。

CHOP
CHOP
CREW

ACCESSORIES

HOW TO USE IT?

路跑配件必須精簡到最小單位，輕盈、貼身才能將跑者負擔減至最低。

E

1 **毛巾**：跑步時一定會大量出汗，參加路跑賽時，我建議將條毛巾放在衣保袋或寄物處中，等到達終點後就可以立即使用。保持身體乾爽是非常重要的，尤其在馬拉松賽季的冬天，一旦著涼可就得不償失；女生跑完步請一定要趕快將汗濕的頭髮與上身擦乾。

2 **手機運動臂套**：為了安全，跑步時我還是建議女生必須攜帶手機！尤其是當妳獨自夜跑在河濱公園時！此外，智慧型手機也可以身兼隨身聽、或者是GPS記錄的功能，如果妳沒有GPS手錶，只要下載路跑專用的APP就可以達到相同功效。跑步時要把手機帶上身確實不太方便，如果有手機運動臂套問題就可解決。

3 **GPS手錶**：GPS手錶可以記錄每次戶外路跑時的地圖，也可以讓跑者隨時查看自己的路跑時間、距離與配速，也是我在路跑時一定會攜帶的必要配備。目前市面上有多款GPS手錶可供選購，價格相當合理；購買時要注意它支援的GPS系統是否準確？防水功能與耗電量等。

4 **防水運動耳機**：許多跑者在路跑過程中都會聽音樂，除了排解無聊外，也可以轉移注意力，別讓自己專注在疲勞上而產生怠惰感。市面上有許多運動專用的耳機，有的是音質取向，也有強調安全性(可聽到外面聲音)的款式。在選購上要注意是否有防水功能？耳機線是否容易纏繞？耳機是否容易脫落？如果是無線款式，則要考量電池續航力。

5 **FuelBand**：FuelBand可以解釋為是種「高科技計步器」，它以一些精密的計算方法記錄妳一整天的運動量，也可以依個人資料(身高、體重)推估出所消耗的卡路里。雖然跑步時並不需要攜帶這項道具，但日常卻可作為激勵自己多運動的依據；畢竟每日的活動量都被數字量化後，是否足夠一看就知道。

6 **輕量化貼身腰帶**：現在許多專業慢跑褲都會有小口袋、暗袋的設計，讓妳放零錢、鑰匙等小東西；但如果沒有口袋的話，就可能會需要一個小腰包來放雜物。跑步專用的腰包為了達到「輕量化」與「貼身」目的，多少必須捨棄一些存放容量；但對放置小物來說已經綽綽有餘。選購時須注意運動時會不會因震動搖晃造成摩擦。

7 **幸運物**：參加路跑賽時，妳可能會發現有很多選手穿著其他路跑賽的完賽T恤，除了炫耀成分之外，有時候也具有種幸運符的意義。雖然說起來有點迷信，但我會將自己首次跑馬的號碼牌拿給我崇敬的選手簽名，希望能沾染到一些跑者的力量。這條Tiffany項鍊是我第一次完成半馬賽的完跑禮(跑女子全馬時又拿到了一條)，我將它當作自己的幸運物。

8 **運動專用太陽眼鏡**：在大太陽下跑步除了可以戴帽子遮陽外，戴上運動專用的太陽眼鏡更能達到保護眼睛的目的。在某些天候與特殊環境下(夕陽直射、雪地、路面反光)，戴太陽眼鏡才能看清道路，如果遇到下雨或沙塵，也可以預防跑步時異物掉進眼睛、保護自己的安全。在選購時請務必選擇「運動專用」的太陽眼鏡，並注意是否會脫落？長時間戴著是否會造成不適？

9 **防曬乳**：雖然女生跑步最怕曬黑，但除非要在烈日中跑上好幾個小時，不然防曬乳只要在出發前擦過就好了。選購時要買高係數、具有防水防汗功能的品牌。運動完沐浴前請記得先以卸妝用品清潔，以免防曬成分卡在毛孔造成皮膚阻塞。

10 **毛巾布護腕**：跑步時不太可能會造成手腕負擔，於是帶護腕的目的與其說是「護腕」，倒不如說是為了擦汗之用。長時間練跑我不建議戴著護腕，因為濕透的毛巾布可能會因悶熱造成手腕皮膚過敏。

11 **水壺腰帶**：一般參加路跑賽時因為有提供水站的關係，跑者不太需要自己攜帶水壺(除非是為了裝能量飲品)；但若是在平日做長程訓練或是參加越野馬拉松時，水壺就變成必需品了。補充水分對跑者來說相當重要，如果水分不足、體內電解質不平衡，將可能會造成抽筋或中暑情形！

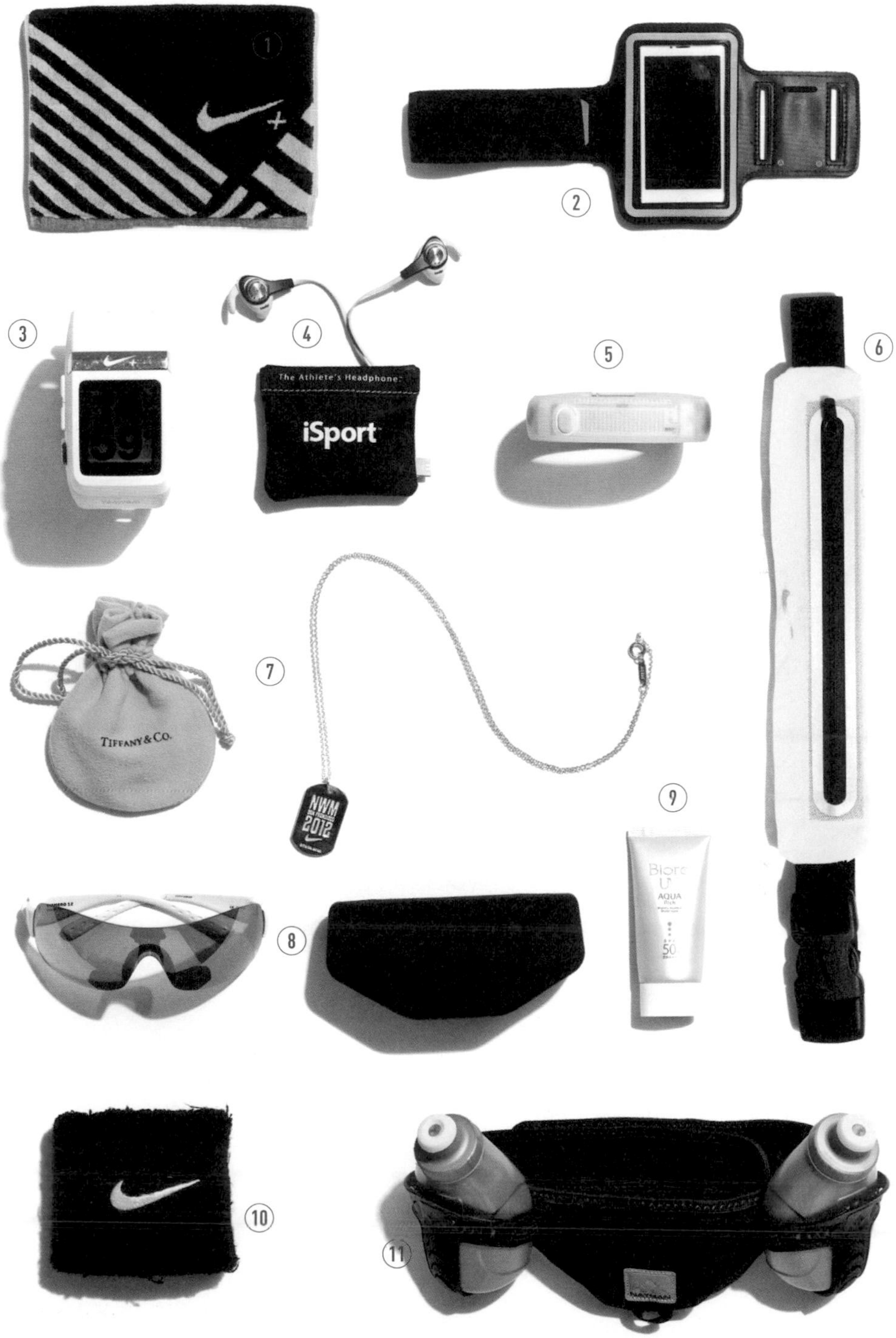
1
2
3
4
The Athlete's Headphone
iSport
5
6
TIFFANY & CO.
7
NWM
2012
9
AQUA
50
8
10
11

3-2

ABOUT RUNNING SHOES

跑鞋與跑步之間

設計良好的跑鞋
能降低運動傷害、
更能增進訓練效率、
提高運動表現！

對跑者來說，全身上下最重要的地方就是足部，而跑鞋則是保護足部的第一關鍵。穿上一雙設計良好的跑鞋，不但能降低運動傷害、更能增進訓練效率、提高運動表現。以往跑鞋在外觀上沒有太多選擇，但現在各大運動品牌都推出了女性專屬的漂亮跑鞋，有亮粉色設計、漸層圖案、夜光，甚至是編織造型等，讓女孩們在追求機能性的同時也能兼顧美觀。我有些男性朋友甚至因此大嘆：「為什麼女生的跑鞋越來越好看了?」無奈大多數男鞋都有生產成年女性也能穿的小尺寸，但女鞋卻沒有男生也能穿的大尺碼……所以這也算是我們女跑者的特權之一吧？順帶一提，有些高科技跑鞋會針對男女腳型與跑步習慣不同，而在設計上有所區別；因此跑鞋在選擇上也算是男女有別。

以我自己來說，我剛開始練跑時，依據運動用品店員的推薦，選購了一雙輕量化、薄底、接近赤足感受的鞋款。往後這同款鞋陪我征服了台北十公里女生路跑，以及舊金山、台北、上海的二十一公里半馬，最遠跑過三十六公里的L.S.D.。或許是因為習慣赤足般的訓練，自己本身的足部肌肉有被充分鍛鍊到；之後在挑戰全馬時換穿緩衝度較高的鞋款後更有種如虎添翼的感覺。

由於《天生就會跑》這本書引起的轟動，讓海內外路跑界都掀起了一股「赤足跑」的風氣；但赤足訓練對於跑步初學者來說實在稍嫌困難，鞋子能帶給初跑者足部的「保護作用」依然相當重要。女生跑步時常遇到的疑難雜症包括「膝蓋痛」、「足底疼痛」等，問題成因的最大可能性是「跑步姿勢不正確」，但若穿著適當鞋款，多少能得到部分改善。

過來人經驗談

我在過去是個從來都不運動的人，因此對運動鞋選擇的概念是近乎「零」，這時候我發現「信任專業」是件非常重要的事！ 有任何疑問，詢問運動用品店員就對了！ 受過專業職訓的店員往往非常熟悉各款鞋子的性質、功能取向。也因此我認為女生想首購跑鞋的話，與其到大賣場、Outlet購買，倒不如找運動品牌直營店或合作經銷商，店員都會很有耐心地為妳一一解說。**順帶一提：買跑鞋時要考慮自己的「穿襪習慣」，習慣不穿襪的跑者可以請店員推薦赤足也OK的鞋款，而習慣穿厚襪的跑者要記得選購大半號的跑鞋；試穿時也要穿著平常跑步時會穿的襪子。**

ROUND 2

QUESTION & ANSWER

關於跑鞋

Q1 買跑鞋時首要該注意哪些事項？

A 首先要選擇鞋款，平常練跑建議穿薄底的訓練鞋、馬拉松賽就穿較有緩衝度的厚底鞋款，如果妳是膝蓋受過傷的人，另有氣墊底的跑鞋可供選擇，越野跑或田徑場也有專用鞋。總之記得先把自己的需求告訴店員，請專業人士代為挑選。在選好鞋款後記住一定要試穿！在店內走個十分鐘，看看有沒有哪裡不舒服？千萬不要因為款式漂亮就犧牲舒適度！

Q2 為什麼不能穿籃球鞋、帆布鞋跑步？

A 每種專業鞋都有針對該運動做設計，功能取向不同，若穿錯鞋款輕則影響運動表現、重則會造成運動傷害，是不可以等閒視之的事。籃球鞋強調避震性，在設計上重量會較重，穿來長跑不但會造成肌肉負擔，也無法訓練自身足部的力量。另外常見女生會穿著帆布球鞋（文青鞋）運動，這是件非常危險的事！帆布鞋在設計上無法支撐腳踝，容易造成扭傷；等齊的平底設計可能會造成足弓發炎、甚至傷到後肌腱。建議女生們要跑步的話，還是得選購一雙專門跑步用的鞋子。

Q3
一雙好的跑鞋要具備那些條件？

A 一雙好的跑鞋，除了鞋底機能性能符合跑者的需求之外，重量還要「越輕越好」；現在市面上已經有出現僅重一百六十公克的高科技跑鞋，讓跑者幾乎感覺不到它的存在。再來「包覆性」也相當重要，在經過長時間慢跑後，鞋面依然不會鬆脫才是關鍵。另外一些小設計也會有大影響，例如一體成型的鞋舌、柔軟的鞋後跟（不會造成皮膚摩擦）、鞋面的防汙防潑水設計、安全反光塗料……等等。

Q4
跑鞋要怎麼清潔保養？

A 跑鞋最好的保養方法，就是「常穿」，不能買了雙跑鞋放在那邊不穿任其氧化。如果妳是個每天都會練跑的人，最好一次買兩雙跑鞋換穿；跑鞋最忌濕氣，跑完後記得將報紙捏一捏塞進鞋內除濕、放置在乾爽通風的陰涼處，隔天再穿另一雙鞋練跑。如果鞋面髒汙不嚴重，用濕紙巾擦拭清潔即可，鞋底用高科技泡棉摩擦。髒汙很嚴重的話，可將跑鞋泡在水盆中（記得先把鞋墊拿出來）、用牙刷沾中性清潔劑刷洗，之後再自然陰乾，不可熱烘。

Q5
跑步的襪子有什麼特殊選擇？

A 跑步的襪子厚薄以個人習慣為主，厚襪子有避震與吸汗功能，但以我自己來說，我還是習慣穿薄的五指襪，因為五指襪在長時間跑步下能有效避免腳趾間的摩擦。低筒的襪子好看，但高筒的襪子較能預防鞋子摩擦到腳後跟的情形。現在市面上有販售跑步專用的特殊加壓襪長筒，雖然價位較高，但能改善乳酸堆積與預防腳板抽筋，而且相當耐穿。

A

BAREFOOT / MINIMALIST RUNNING SHOES
赤足薄底鞋款

赤足薄底鞋款的好處在於能鍛鍊到自身的腳部肌肉，很適合作為訓練鞋之用。雖然沒有什麼避震性，但初學練跑時若能習慣穿著這種鞋，將可以明確了解自己在跑姿上需要改進的地方。柔軟的薄底鞋「適腳度」很高，無論是哪種腳型都適合，除了跑步之外，作為逛街、長時間走路之用都沒問題，極推薦作為女生的第一雙跑鞋。一般來說會建議穿著這種鞋款做室內訓練（跑步機），或是每日十公里以內的長、短跑訓練，但我也曾穿這雙鞋跑過三十六公里的L.S.D.長距慢速跑，所以若是自身腳力有經過鍛鍊，薄底鞋一樣可以跑馬拉松。就與時下流行的赤腳跑概念一樣；穿鞋卻能避免掉踩踏到尖銳物、髒汙的危險性。

1

鞋底

赤足鞋底有區分不同厚薄度，數字越小代表厚度越薄，越薄的底避震度越低，適合在田徑場PU跑道或室內等平坦的場地練習。這種跑鞋底的特色是極度柔軟，能夠被完全反折；也因此連腳趾著地時的力量都能鍛鍊到。穿著時要避免踩到泥濘、髒汙，因為汙垢卡在鞋底凹縫裡將會不太容易清理。

2

鞋面

這種鞋面設計最大的重點在於「輕量化」與包覆度，一體成形彈性編織的好處是能完全避免掉「不合腳」的情形；無論有沒有穿襪、鞋帶有沒有綁好，都不會在練習過程中產生因為鞋帶脫落、鞋舌歪掉等意外造成中斷。

1

2

B

LIGHTWEIGHT / PLATFORM RUNNING SHOES
輕緩厚底鞋款

輕緩厚底鞋款比起赤足鞋款擁有更高的避震性，更適合初階跑者作為長跑之用。我一向習慣穿薄底鞋練跑，但在挑戰四十二公里全程馬拉松時改穿厚底鞋，完跑後足底疼痛的情形得到了非常大的改善。一般我會建議女生在長程跑訓練時都穿這種鞋底，因為「緩衝」與「穩定度」是避免跑步運動傷害的重要關鍵。除了這種Q彈的橡膠鞋底之外，另外還有種氣墊底設計的跑鞋，適合膝蓋曾經受傷或是需要更高避震度的跑者，例如老年人或體重較重的跑者。

1

鞋底

這種鞋底在足跟與前腳掌底的位置都設置了避震係數最高的材質，讓跑者即使在長時間的運動下，依然能保護好足部與腳踝關節。建議買回來之後要先多穿它散步幾次，讓鞋底變柔軟之後再開始作為練跑鞋之用。

2

鞋面

鞋側編織的特殊線條能提供支撐力，輕量化也是很重要的關鍵。要注意的是，這種一體成形編織型的鞋面較不適合在下雨或碎石子多的路面奔跑，因為雨水與異物很容易滲入鞋內造成跑者不適。若要在雨季或特殊地形越野跑的話，可以另外選擇有潑水防汙塗料的布質鞋面。

1

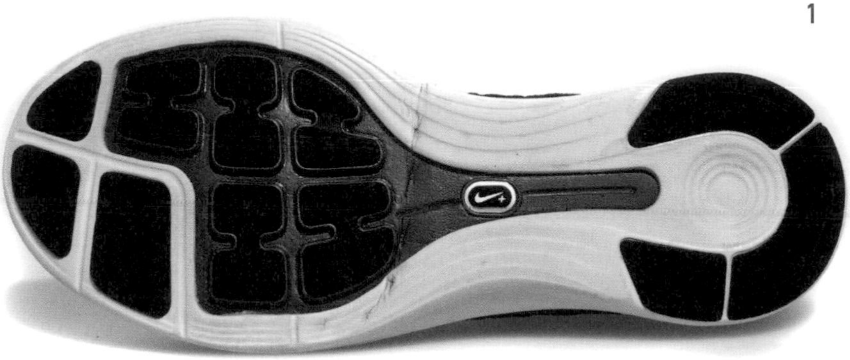

2

3-3

ABOUT SPORTS BRA

女生和運動內衣

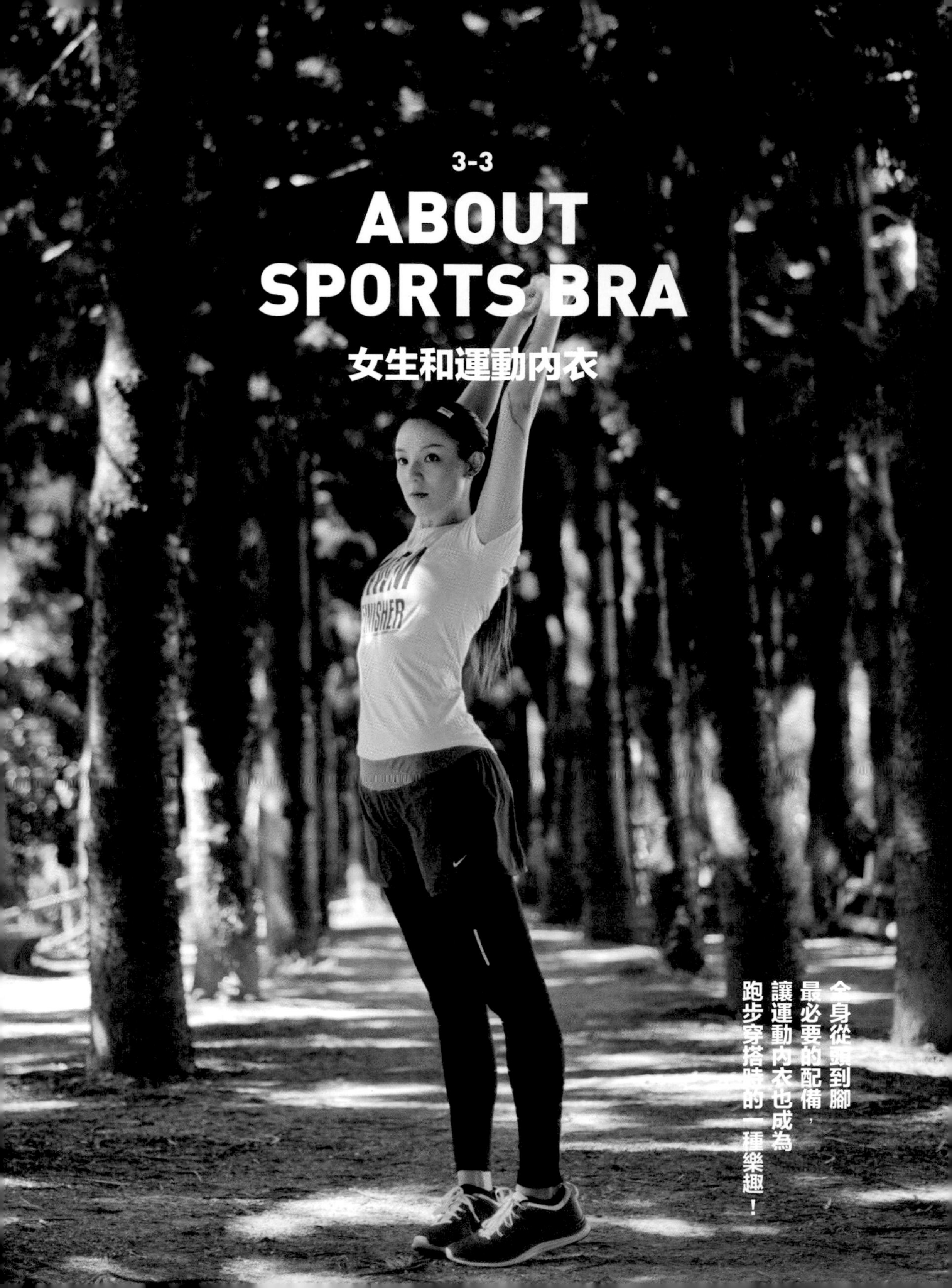

全身從頭到腳
最必要的配備，
讓運動內衣也成為
跑步穿搭時的一種樂趣！

女生跑步時的裝備可多可少，到底哪樣東西最為重要？最不可或缺？答案是：運動內衣（Sports Bra）。對初階跑者而言，跑步時全身上下最重要的第一配備是跑鞋，第二就是運動內衣；但如果是對一名習慣赤足跑的進階女跑者來說，運動內衣的重要程度甚至高過跑鞋，是全身從頭到腳最必要的配備。

為什麼一定要穿運動內衣呢？說來其實有點難為情，雖然乳房是上帝賜予女性的美好禮物，但對運動員來說，它卻完全沒有功能性，甚至會造成身體負擔、影響運動表現。乳房在運動過程中的震盪與晃動可能會使肌肉拉傷、危及支撐胸部的韌帶組織；於是乎具有束胸支撐力的運動內衣便顯得格外重要。

依據運動類型的不同，女生需要選擇的運動內衣種類也不同，大致上可依強度分為低、中、高三個等級，低強度適合瑜伽、伸展等較靜態的活動，中強度則是跳舞、慢跑等大部分運動，高強度適合有氧舞蹈、網球、籃球、快跑等。一般長跑建議選擇中強度到高強度的運動內衣，跑速較快或是胸部較大都會需要更多的支撐力。

因為身材比較「貧乏」的關係……剛開始練跑時我不太重視運動內衣，總是穿著一般棉質無鋼圈內衣就去跑步；沒想到過了一段時間後，我卻明顯感覺到腋下前側的肌肉有疼痛感！之後換穿專業運動內衣，這個情形不但得到完全改善，連跑步時的舒適度都大大提升、成績也變好了。

雖然說「女生跑步必須穿運動內衣」是件不得已的事，但現在各大專業運動品牌都有推出漂亮又具機能性的款式，讓運動內衣也成為跑步穿搭時的一種樂趣！

過來人經驗談

就和買跑鞋時一樣，買運動內衣也一定要先試穿；如果必須網購，請記得詳細對照各品牌提供的尺寸表，罩杯尺寸越大，就要選擇強度更高一級的款式。市面上運動內衣的價位都不同，但只要清潔方式正確，耐穿度都比一般內衣還高。如果妳是一週練跑三次的跑者，建議買兩件更替換穿；倘若每天都會練跑，就再多準備一件。我自己是屬於胸圍寬但罩杯小的女生，跑步時會穿低、中強度的背心型款式。**順帶一提：如果妳是對腹部線條有自信的女生，建議妳可以試試看單穿運動內衣（不穿外衣），這樣不但能展現迷人的小蠻腰，看起來也健康有活力。背心型款式的好處是不易摩擦、也不用擔心脫落，壞處是穿脫起來會比較麻煩（尤其是跑完步必須脫下汗濕的內衣時）。**

ROUND 3

QUESTION & ANSWER

關於運動內衣

Q1
運動內衣在購買上要怎麼選擇？

A 首先要依妳的運動類型與強度去做選擇，一般跑步時建議穿中強度或高強度的運動內衣，才能在震盪時給予乳房肌肉比較好的支撐力。再來可依妳的胸圍大小選擇尺寸，在穿著時感覺到緊、束胸感強才是正確的，如果太過舒適就表示強度不夠或是尺寸太大，最後才是挑選款式與顏色。總之，就和買跑鞋時一樣，在購買前一定要記得先試穿。

Q2
運動內衣的材質有什麼區別？要怎麼清潔？

A 訪問運動內衣的材質大都是混和棉質與彈性佳的萊卡（Lycra）布料，部分運動用品廠商也會自行研發專利布料，例如CoolMax、Dri-Fit……等等。這些布材的機能性不外乎就是提升「舒適」與「彈性」，畢竟運動內衣也是女性內衣的一種，在長時間活動下還能保持乾爽透氣是很重要的。清潔方面，大部分運動內衣可以直接丟進洗衣機清洗（最好先套上網袋，並以洗標上的標示為準），但記得千萬不可以使用柔軟精，免得破壞Dri-Fit布料本身的吸濕功能。

Q3 胸部小的人是不是就不用穿運動內衣？

A 運動內衣的主要功能是「支撐」與「包覆」，但卻還有「防摩擦」的附加價值。舉個例子來說：許多大型馬拉松賽會提供選手「胸貼」，這胸貼是專門給男性跑者使用的，因為男性跑者沒有運動內衣保護，乳頭長時間與上衣摩擦可能會產生破皮流血的情形；反之，穿著運動內衣的女性則不必擔心這個狀況發生。如果妳是胸部比較不豐滿的女生，還是建議要穿運動內衣跑步，但可以選擇強度沒那麼高的款式。

Q4 跑步時要穿運動內衣，但要穿什麼樣的內褲？

A 有些專業慢跑短褲裡面會多出一層三角形的內裡，那層內裡本身就有替代內褲的功能，因為與外褲一體成形，也比較不容易產生皮膚摩擦。如果不習慣單穿慢跑短褲的話，建議選擇沒有鬆緊帶或縫線的內褲款式，材質也最好能達到輕薄快乾、抗敏防摩擦。其實就健康的角度來看，會建議跑者不要穿太多層衣物；慢跑時穿著內褲、緊身褲、慢跑短褲……這麼多層布料非但濕熱不透氣，上廁所時必須將汗濕的褲子脫下也必須花費一番力氣。

Q5 運動內衣有集中托高、讓胸型好看的款式嗎？

A 雖然一般提到運動內衣時，大都會強調它束胸功能所帶來的安全性，但確實也有不少廠商推出兼具集中托高、美化胸型功能的款式，有的甚至還有鋼圈設計。在做瑜伽、皮拉提斯、伸展等較靜態運動時，我們可以選擇強度最低的運動內衣，而這類型內衣的樣式選擇也是最多的。中高強度的運動內衣也可大致區分為「背心型」與「胸罩型」，背心型適合胸部小的女性，胸罩型（包含特殊鋼圈），則適合需要較大支撐力的豐滿女性。

A

3 TYPES OF BRA
三款運動內衣大剖析

運動內衣對女跑者來說固然重要，但選購時卻不算太複雜，各大專業運動品牌都會將它大致區分為三種類型：低強度款、中強度款、高強度款。低強度款適合瑜伽、皮拉提斯、靜態伸展、高爾夫、慢步走……等等，晃動衝擊比較低的運動。中強度適合健走、慢跑、腳踏車、登山，高強度則適合快跑、有氧舞蹈、排球、網球、籃球那些需要跑跳、震動較大的運動類型。

買運動內衣時謹記一個原則：先知道自己將從事運動類型的強度，然後豐滿的人就加一級強度、反之則減一級。為了安全著想、避免乳房肌肉與韌帶拉傷，請所有女生都盡量穿著運動內衣跑步，但也別讓「沒有運動內衣」成為偷懶的理由，快去添購一件吧！

① 低強度款

適合瑜伽、皮拉提斯、靜態伸展、高爾夫、慢步走……等等，晃動衝擊比較低的運動，或是小罩杯的女性在進行一般運動時穿著。這類型的內衣外觀選擇較多，很適合作為服裝搭配之用；有些具有替換肩帶的設計，可以讓女生更換不同顏色的肩帶，或是交叉肩帶以配合需要較多伸展的瑜伽動作。

② 中強度款

適合健走、慢跑、腳踏車、登山……等等大部分運動，跑馬拉松通常會建議穿著這個強度的運動內衣。快乾、吸濕、排汗性能是選購時的重點，因為跑馬拉松必須長時間穿著，也要留意材質的舒適度。有分為背心型與胸罩型，罩杯大小各有差別，請依自身體型多加選擇。

③ 高強度款

適合短跑、有氧舞蹈、排球、網球、籃球那些需要跑跳、震動較大的運動類型；以及胸部較豐滿的女性進行大部分運動時穿著。有些運動品牌會針對歐美體型女性而推出「超高強度款」，這類內衣內藏有特殊鋼圈，能夠更強力地支撐、增加胸部穩定度。雖然高衝擊運動內衣部分價位較高，但為了運動安全，請女生們一定要依自身狀況選購。

DRI-FIT

「跑步是為了找到內心的平靜，
生命要過得好也是如此。」——美國超馬跑者．狄恩卡．那希斯

"Running is about finding your inner peace,
and so is a life well lived." — DEAN KARNAZES

PART 4

BEGINNER'S TO RUNNING

跑步新手入門指南

A GUIDE

4-1

WARM-UP EXERCISES

起跑前暖身

女生長跑時常遇到的困境，
最高成因是練習不足，
其次就是暖身不夠。

大家還記得小時候上學時，早晨朝會前都要到走廊上做早操嗎？老師總說：「要先暖身，今天才算開始！」

「暖身操」對所有運動都相當重要，對於跑步來說當然也是如此。因為暖身不足而造成長跑傷害的負面例子屢見不鮮；輕則影響運動表現，重則造成關節疼痛、抽筋、哮喘……說得明白點，女生長跑時常遇到的疑難雜症，最高的成因是「練習不足」，其次就是「暖身不夠」。一般練跑三十分鐘，我們會需要先進行約十分鐘左右的暖身操，如果是要跑數小時以上的馬拉松，就要再拉長暖身時間；而冬天（氣溫低時）必須更注重暖身，但也不表示夏天就可以隨便行事。

我剛開始在國外參加路跑賽時，由於氣溫很低（攝氏只有個位數），不動來動去實在會冷到受不了，所以我很認真地在起跑前四十分鐘就開始做操。但記得第一次跑台北馬拉松時，因為天氣較熱而怠惰，沒想到一起步後就立即發現自己的筋骨完全伸展不開來、韌帶沒有彈性，跑過十五公里之後，我居然連上臂三角肌都痛到不行：那場馬拉松完賽後我整整痠痛了一個星期，從此以後就再也不敢輕視暖身操的重要性！

索南東珠教練的小提醒

暖身操有兩種功能：伸展肌肉，還有要在起跑前先讓身體熱起來。每種運動都得循序漸進，要先讓身體準備好後再開始進行，才能有效預防運動傷害。暖身操的特色除了拉筋、活動關節之外，還要針對跑步常用到的肌肉，有喚醒的作用，例如前大腿的股四頭肌及臀大肌。通常女生的柔軟度比男性好，但肌力及穩定性稍嫌不足，所以加強核心訓練在暖身與平日鍛鍊上都很重要。

STEP 1

增強肺活量
擴胸伸展

跑步時需要大量換氣，於是增加肺活量便顯得相當重要。增加心肺能力的方法除了平日多運動、多練習之外，在跑前也可以做些擴胸伸展，延展胸大肌，也順便鍛鍊背後的闊背肌。這動作常做可以預防駝背，也很適合低頭族、電腦族。跑前維持此動作二十秒作為暖身伸展之用，記得要維持呼吸，並把注意力放在後肩胛骨上。

1

雙手平舉齊高，手臂可自然地彎曲不須用力。

2

兩片肩胛骨出力夾緊，記得要抬頭挺胸、肩膀要有往下沉的感覺才能延展到胸大肌。

✓ 雙腿一前一後呈大弓箭步，前腿膝蓋自然彎曲，後腿可以盡量跨大步一點。後腳跟離地呈墊腳姿態，後腿屈膝往下跪，但膝蓋不要碰到地板，記得保持身體挺直，不可駝背前傾。

✗ 做此動作時記得屁股要往前挺，也就是將骨盆往前縮，妳就會發現大腿前側的肌肉得到充分伸展。如果駝背前傾、屁股沒有往前挺，就沒有辦法達到伸展功效。

STEP 2

加強大腿肌耐力

大腿前側股四頭肌伸展訓練

幾乎對於所有田徑運動來說，大腿前側的股四頭肌都算是相當重要的肌肉，馬拉松當然也不例外。股四頭肌發達的話不但可以擴大跨距，讓選手在距離目標內完跑得更輕鬆，也可以增加突破撞牆期的耐力。這個動作可以伸展大腿前側肌肉，略帶強度的姿勢也可以達到熱身功效。跑前維持此動作二十秒後左右腳交換，記得將注意力放在臀部的位置，唯有動作正確（骨盆向前縮）才能達到伸展目的。

STEP 3

美化小腿線條

後側腿筋伸展

跑前伸展後腿筋的方法有很多種，其中包括我們一般人較為熟悉的體前彎動作；但在有限的空間之內，其實只要姿勢正確，小範圍的動作就可以輕鬆達到伸展目的。這個動作不但可以在跑前作為暖身之用，跑後也是相當重要的舒緩，可以充分延展小腿腓腸肌、比目魚肌、腿筋，還可以美化小腿線條，消除女生最擔憂的肌肉小蘿蔔！跑前（或跑後）維持此動作二十秒後換腳重複動作，要注意前腳掌務必勾起，屁股翹起就像是要往後坐椅子的感覺。

1

雙腳稍微一前一後，跨距不用太大。雙手自然放在大腿前側，保持輕鬆。

2

前腳尖勾起，前腿打直；後腿膝蓋自然彎曲，後腳跟不離地。屁股翹起來，並感覺像是要往後坐到一張椅子上一樣。只要動作正確，就可以感覺到前腿的後側筋、小腿肌肉得到伸展。

1

預備動作：一手抬起向後彎，像是在抓背一樣。手掌自然貼著背部，頸部可以放輕鬆。

2

進階動作：另一手輕抓抬起的手肘關節處，將它往對向拉。這個動作要先慢慢來，別一下子就拉太大力，以避免受傷。

3

加強動作：等到進階動作維持一段時間後，可以稍微施加壓力，讓整個身體彎曲、充分延展體側。如果要進一步伸展，可以腰部為中心、手肘為圓周畫圓數圈；然後再換手重複動作。

STEP 4

充分延展全身

體側伸展

雖然跑步時比較不常用到體側，但充分伸展還是可以維持身體的平衡慣性。我們在跑步時靠著上臂自然左右擺動與核心肌群的力量來維持平衡，而這個類似「進階版伸懶腰」的動作可以從上臂延展到腰部側邊的肌肉。這個動作不但可以作為跑前暖身之用，平日打電腦或搭飛機久坐時都可以試試。跑前維持此動作二十秒後換手重複動作，如果要充分延展，可以腰部為中心畫圓旋轉。

STEP 5

讓妳跑得更大步

髖關節活動

身高較高的人在田徑場上往往占有優勢，只因為他們每一步的跨距都比別人大。如果以同樣的距離計算，跨距小的人可能必須跑個兩千步、跨距大的人卻只要跨出一千步就到達終點，可想而知他們跑起來會比別人容易多了。想要提升跨距，身高與腿長並不是一定的關鍵，如果妳的髖關節夠靈活，妳就可以跨得更大步、跑得更輕鬆。在跑前或跑後都可以做這個運動，單腳順時鐘轉五下、逆時鐘轉五下，然後換腳動作。要注意的是大腿要抬得夠高，如果無法維持平衡可以扶著椅子或牆面。

單腿抬高，以髖骨為圓心、抬起的膝蓋為圓周畫圓，順時鐘、逆時鐘各五下後換腳。旋轉過程中若有聽到關節發出「咖、咖」的聲響是正常的，不用驚慌。如果無法維持平衡可以扶著牆壁或椅背。

單腿屈膝蹲下，另一腿向側邊拉長。雙手放在身體前側就可以感受到大腿內側的伸展。這個動作維持10到20秒後換腳重複動作。

STEP 6

加強大腿跨距

伸展大腿內側

跑步時會動用非常多的大腿部分肌肉，因此不只是前後側，內側也要充分伸展才行；大腿內側筋延展度高的話，也會直接影響到跨距與其它相鄰肌群的作用。在跑前跑後都可以做這個動作，單腳維持十到二十秒後換腳，記得上半身要朝向正前方挺直，雙手也要擺在前側。

練出人人稱羨好腹肌

加強暖身 平板式核心訓練

位於腹部的「核心肌群」可說是一切運動的根本，鍛鍊它不僅只是為了人人稱羨的腹肌，也是為了維持整個身體韻律的平衡、增進各種運動效能，甚至要保護臟器安全都得靠它。我們人體最脆弱的地方就是腹部，腹腔沒有骨骼保護，只能依靠深層肌肉（Inner Muscle）作為護盾；也因此無論要進行何種運動前，都應該先好好鍛鍊核心肌群。對女生來說，「平板式」是鍛鍊核心肌群最簡單有效的方法，這個動作如果姿勢正確將會非常辛苦，但卻是不得不加強練習的動作。平板式可以作為跑前暖身之用，建議每天持續一到三分鐘。

✕

如果臀部高起就表示姿勢錯誤，此時下腹部要加強施力回到平板姿勢。雖然錯誤的姿勢做起來較輕鬆，但完全沒辦法鍛鍊到最重要的核心肌肉。

✓

雙手放在地上撐起，讓身體呈現平板狀；此時注意下腹部與屁股都要用力夾緊，如果腰部下沉或是臀部高抬都是錯誤的。這個動作的重點在腹部，腿部與手都要放鬆到能夠移動的程度。女生作此練習時建議在地上舖張柔軟的瑜伽墊防滑，如果真的太吃力，可以加寬兩腿之間的距離。每次練習時，都要以正確的平板姿勢維持1到3分鐘才能放鬆休息。

索南東珠

PERSONAL TRAINER

NIKE台灣區體適能大使。西藏人，在印度出生，從小在印度和尼泊爾長大，認識他的人都稱他為「Sonam」或「索南老師」，擁有十多年的運動教學經歷，專長包含私人教練教育訓練、體態調整、體重控制 、體適能及核心穩定訓練、阻力訓練、動作執行技巧等。

4-2

COOL-DOWN EXERCISES

跑步後收操

收操的冷卻過程，
回復正常代謝，
對延續運動生命是件
非常重要的事！

任何一種機器在運轉停止前都必須經過一段冷卻期（Cool-Down），人體就如同一台精密而美麗的律動機械；運動後的「收操」則是讓身體慢慢冷卻下來、回復正常代謝的過程。如果沒有做好收操，我們在運動時產生的乳酸與廢物將會堆積在肌肉深層無法排除掉，久而久之，妳的肌肉會越來越僵硬……造成「鐵腿」、塊狀肌肉（蘿蔔腿），甚至會逐漸增加受運動傷害的風險。也因此，職業運動員為了延長自己的運動壽命，對於收操與比賽後的伸展可是極度重視。

人體在運動過程中會自然生成數種物質，包括乳酸與氫離子，這些東西就是造成我們跑完步後感到痠痛、肌肉灼熱的元凶；而妳的運動強度越高，會產生越多的乳酸堆積（例如短跑或追求爆發力的球類運動）。一般來說，要代謝掉這些物質的方法很簡單；只要在運動後進行一段放慢速度的緩和跑，並進行充分的靜態伸展，我們人體自然有辦法達到酸鹼平衡、維持體內正常循環。

過去我在練跑時也曾經懶得做收操，我心裡想：「跑完都這麼累了，誰還要拉筋拉半天啊？」結果持續跑了數週後，我卻發現自己的身體莫名地越來越疲累……後來詢問教練才知道，原來緩和跑與收操的冷卻過程，對於延續運動生命是件非常重要的事！於是我自此之後的每次練跑都會專心做收操，直至今日也是如此。

索南東珠教練的小提醒

跑步後的收操也有兩種功能：一是緩和運動後的身體循環、代謝乳酸，另一個功能就是延展緊繃的肌肉。女生最在意跑步跑多了會產生塊狀小腿肌，但只要在每次跑步後都能花心思做正確的拉筋姿勢，妳的肌肉線條就會變得很漂亮。對跑者來說，「放鬆肌筋膜」是非常重要的一件事，運動後如果不以收操姿勢或工具解決「筋肌膜沾黏」的問題，將會大大影響到往後的運動壽命！雖然跑完步已經很辛苦很累了，但收操也絕對不可以馬虎喔！

STEP 1

保養阿基里斯腱
腳後跟腱伸展

腳後跟腱又被稱為「阿基里斯腱」，位於小腿後下方、連結小腿肌肉與腳後跟，可是說是主宰跑、跳動作最重要的肌腱之一。神話傳說中，希臘第一戰士阿基里斯就是因為被弓箭射傷了肌腱才戰敗；相較同樣起源於希臘神話的馬拉松賽事，跑者們可不能輕忽阿基里斯腱的重要性。腳後跟腱雖重要但也相當脆弱，往往會在劇烈運動後造成發炎現象，如果沒有適度伸展與保養，將會造成鈣化、容易斷裂，讓運動員痛苦不已！伸展小腿腳後跟腱的動作可在跑前跑後進行，動作維持二十秒後換腳重複。

雙腳一前一後，前後約一個步距寬；前腳自然彎曲，手部自然放鬆擺放。這個動作要將注意力放在後腳跟，後腳跟用力往下踩延展腳後跟肌腱。動作維持20秒後換邊重複進行。

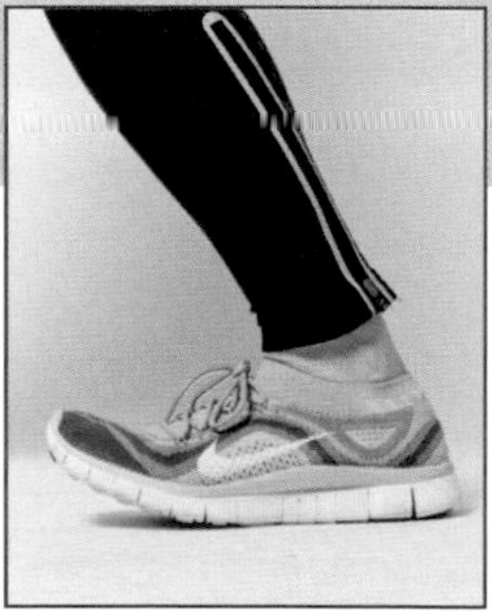

後腿腳跟要用力往下踩才能達到伸展目的，腳趾與前腳掌則是完全放鬆抬起的。

1

抬起其中一腿單腳站立，以抬起同側手抓住前腳踝位置；如果重心不穩也可以用手扶著牆壁或椅子進行。

2

手用力將抬起腿往後拉，膝蓋要在站立腳的後方才能達到伸展目的。抓住腳踝的手最好放在靠近前小腿底部的位置，以免拉傷前腳背。

STEP 2

舒緩大腿前側肌肉

大腿前側股四頭肌靜態伸展

我們在暖身單元有提到一個稍具強度的「大腿前側股四頭肌伸展訓練」，股四頭肌發達可以增加跑者突破撞牆期的耐力；也就是說，我們在跑步時一定會用到很多大腿前側肌肉的力量，跑後當然也要好好地做舒緩。這個動作屬於靜態伸展，如果跑程較長，做這個動作時也會有比較明顯的疼痛感，建議在完跑後立即進行才能達到目的，單腿維持二十秒後就可換邊動作。要注意的是：抬起那腿的膝蓋要被拉到站立腿膝蓋的後方，如果重心不穩也可以用手扶著牆壁。

STEP 3

舒緩跑後疼痛感

跨坐側背筋伸展

跑步運動看似大都是腿部肌肉在出力，但其實上半身也需要以核心為中心、左右搖晃來維持平衡；上半身搖晃過大或過小的跑姿，都是不正確的跑姿。在跑前跑後可以作「體側伸展」動作，也可以試試這個跨坐式的側背筋伸展動作。這個動作的重點在於跨距要大、扭轉時單邊肩膀用力下壓，但注意頸部不要施力過度；動作五到十秒後就可以換邊來回重複。這個伸展也很適合在「久站」或「久坐」後進行，能有效舒緩腰痠背痛的情形。

1

雙腿左右跨大步，上半身前傾，雙手自然放在膝蓋上；手指的方向要與膝蓋同方向。

2

以側腰（靠肩胛骨處）為施力點扭轉上半身，肩膀往下壓，頸部放鬆。

3

維持數秒鐘後就換邊重複動作，然後可以來回重複進行。

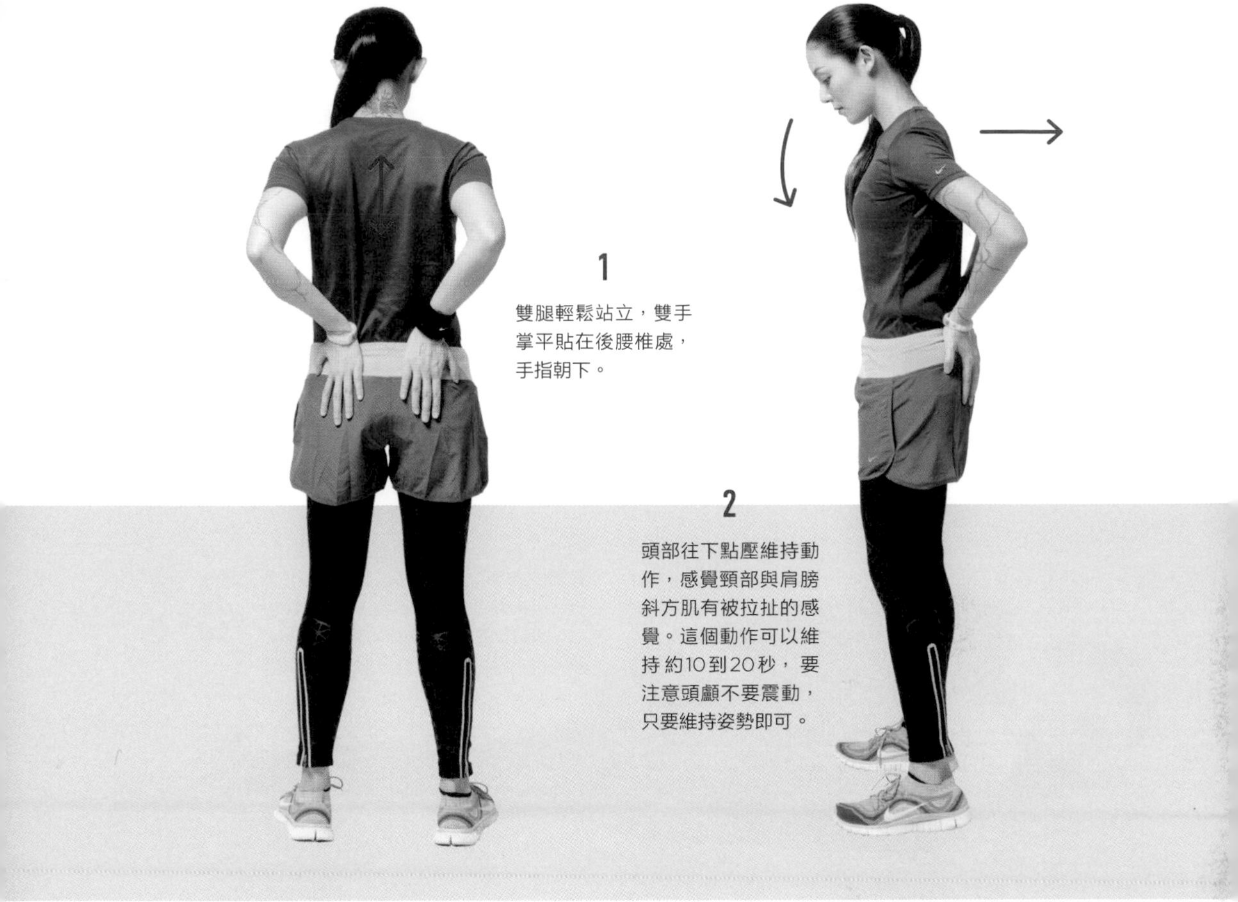

1

雙腿輕鬆站立，雙手掌平貼在後腰椎處，手指朝下。

2

頭部往下點壓維持動作，感覺頸部與肩膀斜方肌有被拉扯的感覺。這個動作可以維持約10到20秒，要注意頭顱不要震動，只要維持姿勢即可。

STEP 4

改善肩頸痠痛
後頸部伸展

如果跑姿完全正確，跑完步後頸部應該是不會痠痛的；但對於剛開始練跑的女生來說，脖子與肩膀痠痛卻常常是無可避免的後遺症。成年人的頭顱重量約四公斤半到五公斤半，占了體重約百分之七，長髮的女生頭部重量又會增加；因此駝背或前傾的跑步姿勢都有可能對肩頸肌肉造成負擔。如果跑後發現後頸部疼痛，可以用這個拉筋方式作舒緩，不過還是要慢慢改善自己的跑姿才能治本。

STEP 5

拉開全身筋絡

大腿後側與臀大肌伸展

臀大肌伸展動作在瑜伽中常見，屬於瑜伽「天鵝式（Swan）」的其中一種。這個動作能有效舒緩大腿後側與臀大肌，臀肌也是長跑時會大量用到的肌群，所以跑者在跑後伸展時應該會頗具疼痛感。要注意的是，在進行這個動作時上半身要完全放鬆，以自己身體的重量幫助拉開緊縮的肌肉。這個姿勢可以維持二十秒以上再換腳，常做的話會成為非常舒服的拉筋方式，我自己每天在睡前也都會做。

雙腿一前一後，前腳膝蓋彎曲在胸口位置，後腿自然伸直。上半身完全放鬆壓住彎曲的前腿，以身體重量幫助拉筋。如果覺得沒有疼痛感，可以再把彎曲腿往前擺，增加強度。這個動作可以靜止維持20秒以上，再換腿進行。

加強筋肌膜放鬆

網球按摩法

跑後舒緩的方法除了「拉筋伸展」之外，使用工具來「放鬆筋肌膜」更能深層緩解肌肉組織沾黏的情形。現在市面有上販售各種尺寸的滾筒、滾棒，都是專門為了運動防護而開發的產品，價格有高有低。剛開始跑步的女生不妨照著這個DIY法製做陽春版的「網球滾輪」，不但耐用、好攜帶，還可以同時達到滾開肌肉沾黏、腳底按摩的功效，無論跑前跑後都適用。

網球滾輪DIY製作方法

1

我們要準備的材料有：普通網球兩顆（運動用品店有售）、纏繞電線用的絕緣膠帶（略帶彈性，五金行有售）。工具則只需要一把剪刀。

2

首先用單手緊握住兩顆網球，然後用絕緣膠帶直向纏繞，目的是將兩顆網球黏在一起。大約重複纏繞幾圈後就可以把膠帶剪斷，纏越多圈、越緊就越耐用。

3

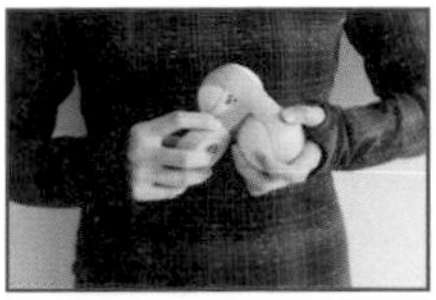

接著再用膠帶纏繞兩顆網球的中間，記得要拉緊多纏幾圈。

4

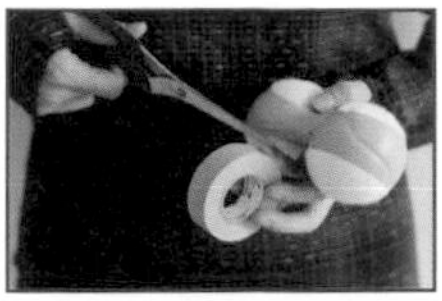

最後用剪刀把膠帶剪斷就完成了。

FINISH!

妳也可以用不同顏色的膠帶與網球做出不同變化，打造自己專屬的筋肌膜放鬆工具。

1

坐在地上，單腳屈膝，單腿伸直，將網球滾輪橫放在伸直大腿根後側到臀部下緣。用手臂的力量將身體微微撐起，做前後小幅度的移動、帶動網球滾動。這個動作能深層舒緩臀大肌的肌肉沾黏，可能會十分疼痛，要稍微忍耐。

2

同姿勢也可以按摩腳後跟腱，只要改將網球滾輪橫放在腳後跟腱與小腿肌肉之間的位置。用手臂的力量將身體微微撐起，做前後小幅度的移動、帶動網球滾動。

3

網球滾輪也可以用來做腳底按摩，只要在跑前或跑後用力踩著它小幅度滾動即可，這個方法可以舒緩跑步時常見的足弓痠痛情形。

4-3

HOW TO START RUNNING

跑步姿勢大解析

在開始進行長跑訓練前，先矯正好自己的跑步姿勢是非常重要的功課！

完美的跑步姿勢是一門大學問，即使是專業跑者往往也要捉摸多年才能抓到其精髓，但如果跑姿錯誤卻可能造成很嚴重的後遺症，包括女生常見的「膝蓋痛」、「小腿脛骨疼痛」……等等運動傷害。跑步時常見的疑難雜症成因之一是「練習不足」（肌耐力或柔軟度不足），其次就是「跑姿不正確」；在開始進行長跑訓練之前，先矯正好自己的跑步姿勢是非常重要的功課！

一般說來，跑步就和走路一樣，首要注意的是「不要駝背」；如果駝背跑步將會為肩頸帶來很大的負擔。另外足部的著地點也一定要留意，要習慣以腳跟接近腳掌中心的位置著地，並以腿筋的彈性作為緩衝。長跑時跨距大很好，但不需要為了追求跨距而讓足跟直接著地、承受過多的震盪，只要留意這一點，差不多就可以避免掉跑步時「脛骨疼痛」的後遺症。

人體就像一個機械，跑步時上半身是維持平衡的關鍵；以核心肌群為中心左右搖擺，進而帶動臀大肌、抬起雙腿前進。跑步時上身不能駝背，但也千萬不能向後仰，最完美的姿勢是上身打直微微前傾，這也是能讓跑者感到最輕鬆的姿勢。手臂不用抬高，放在腰際輕鬆晃動即可。女生只要能完全掌握這些重點，就可以讓長跑變得更容易。

索南東珠教練的小提醒

如果用不正確的姿勢跑步，每踩一步，都會為身體帶來傷害：短距離可能難以察覺，但要是跑一場半程馬拉松甚至42公里全程馬拉松下來，不知道會踩出多少步、身體會受到多少傷害？在追求跑得快、跑得久之前，女生們應該先注意自己的基礎跑姿正不正確。矯正跑姿後再加上肌耐力鍛鍊、柔軟度訓練……只要假以時日，妳就會成為一名對長跑得心應手的美跑者！

正確跑法 ✓

1 頭頸部

頭頸部與上身呈一直線，不可駝背或向後仰。

2 手臂

手臂放在腰部位置自然擺動，不須刻意抬高。

3 臀部

臀部肌肉用力以帶動大腿抬起。

4 膝蓋

膝蓋是幾乎不出力地自然轉動。

5 腳部

以腳跟靠近腳掌中心點著地，身體自然地彈性緩衝。

錯誤跑法 ✕

跑步時雙腳內八字或外八字都不對，而女生常見的「跑步時膝蓋痛」症狀，就有可能是因內八跑姿造成，需多加留意！

加強大腿肌耐力訓練，可拉大跨距，增加突破撞牆期的耐力。

「沒有用盡全力，就是浪費天賦。」── 美國傳奇跑者．史提夫．普里方丹

"To give anything less than your best
is to sacrifice the gift." ── STEVE PREFONTAINE

D

IET
S

PART 5

A HEALTHY D FOR RUNNER

適合跑者的幸福小料理

5-1

EATING HABITS OF PROFESSIONAL RUNNERS

馬拉松跑者飲食準則

對女生來說與其計算營養價值，食物本身能達到的心理慰藉也相當重要。

說到「運動飲食」，大家應該會直接聯想到：「多吃肉、多喝牛奶，補充蛋白質！」部分追求肌肉爆發力的運動員，甚至會將澱粉等主食的攝取量減到最低。但與競技型運動不同的是，馬拉松跑者需要比一般人更多的「碳水化合物」以補充肝醣能量……沒錯，碳水化合物，包含女生最喜歡的甜食！世界知名的跑者雜誌甚至會定期評比「全美國最好吃的鬆餅」，讓跑者們作為補充能量的參考。

「肝醣（Glycogen）」是什麼？「肝糖原」存在於人體肝臟中，可以分解為葡萄糖，調節血糖濃度，供給全身能量。對於長跑運動員來說，動輒數小時的耐力賽中，你的身體會依序燃燒肝醣與脂肪，但比賽中途若肝醣耗盡，就會出現「撞牆現象」，導致疲憊、無法繼續，而適時食用碳水化合物就是補充肝醣最好的方法。許多長跑選手甚至會在比賽前數天進行「肝醣超補法」，也就是攝取大量的澱粉、義大利麵、米飯、全麥麵包……囤積肝醣於肝臟，以應付耐力賽之下可能出現的各種狀況。

吃這麼多澱粉不會發胖嗎？

就拿我自己來說好了；我體重五十三公斤，跑一場半程馬拉松，約可消耗一千三百五十一大卡；全馬則可消耗兩千六百一十二大卡。這數字遠遠超過女性一天的卡路里平均攝取量，因此在馬拉松前的密集訓練下，肝醣超補法是不會造成肥胖的；或許體重會增加一至二公斤，不過那是身體隨著碳水化合物囤積水分的關係，並不是脂肪。但也要千萬記住，沒有在做長跑訓練時，可不能放肆地大吃蛋糕麵包！

跑者在澱粉種類上也要注意選擇，首先，我們一定要選擇非人工合成的天然食品，最好是粗糧；例如糙米飯就比白飯好，因為糙米飯有較低的「G.I.值」，與過度精緻化的白米相比，糙米能徐徐供給身體更多的耐力。

什麼是「G.I.值」？G.I.值指的是「升醣指數」。我們吃完東西後，食物需要經過澱粉酵素的分解，轉化成小分子的葡萄糖被人體吸收，進而使血糖上升，血糖的上升會促使胰島素分泌量遽增，大量的胰島素分泌又會促使體脂肪大量形成、快速造成飢餓感。食用低G.I值的粗糧是抑制升糖指數的好方法，能有效減少胰島素分泌的情形，增加進食後的耐力。

跑步後的疲勞該怎麼靠飲食消除？

有一種造成身體疲勞的物質叫做「乳酸」，在劇烈運動後會堆積在肌肉之內，造成痠痛感。每個人的乳酸代謝能力都不相同，而且是可以訓練出來的；記得我在練跑初期，只要跑個五公里，隔天小腿就痠痛到不行；第一次完成半馬時甚至痠痛了一整個星期；但又訓練了幾個月後，跑完全馬卻只痛了兩天。泡熱水澡、泡溫泉是消除乳酸堆積最好的方式之一，部分運動員會在賽事隔天再度進行慢跑訓練，以自體循環代謝掉乳酸。飲食方面，「檸檬酸」是代謝乳酸的有效物質，當體內檸檬酸循環順暢時，乳酸會消失，疲勞也會消除。

什麼食物富含檸檬酸？萊姆、檸檬、柳橙、葡萄柚……等等柑橘類水果就富含檸檬酸，因此這些水果很適合作為運動後的補給品。長跑完大汗淋漓，吃下一瓣酸酸的柳丁可是具有難以言喻的幸福感！

與其吃得多，不如吃得幸福！

一場馬拉松下來，必須捱餓至少兩到六小時，在賽程中可以補充「能量膠」、「能量棒」，或是大會提供的補給品或香蕉；但絕對不可能讓自己有「吃飽」的感覺。過多食物囤積在胃部上下震盪會造成很大的負擔，甚至會有發生胃痙攣的危險！那到底要怎樣在路跑賽程間補充身體所需的能量呢？首先，我們可以使用先前提過的「肝醣超補法」，在比賽前幾天吃較多的碳水化合物，累積能量；平日也要訓練自己「挨餓」的能力，與其吃大量沒營養的東西吃到飽，倒不如選擇對身體真正有益的東西，吃個六、七分飽就好。

不過話說回來，記得在跑名古屋女子馬拉松時，補給站居然有提供蘑菇形狀的巧克力餅乾！我順手拿了幾顆邊慢跑邊吃，心中滿是濃濃的幸福感。看來對女生來說，與其生硬地計算營養價值，食物本身能達到心理慰藉的功能也相當重要。

以下，就是我專為女性跑者設計，不但吃得巧，又能帶來幸福感的小料理！

5-2

FOOD FOR THE RUNNER'S SOUL

療癒身心的跑者飲食

蔬菜、鮭魚、果凍、
香蕉鬆餅……三十三道
跑前賽後的幸福療癒美食！

跑者的幸福小料理

A 路跑賽前夜一定要貪吃點！

WHAT TO EAT
BEFORE RUNNING?

A-1

粉紅夢鮭魚巧達湯

材料

鮭魚肉
洋蔥泥
胡蘿蔔泥
西洋芹泥
橄欖油
蔬菜高湯
馬鈴薯切小塊
鮮奶
低筋麵粉
巴西利（西洋香菜）

器具

烤箱、湯鍋

作法

1 鮭魚肉放入烤箱烤熟，魚肉撥碎去皮去刺。
2 湯鍋中倒入適量橄欖油，放入洋蔥泥、胡蘿蔔泥、西洋芹泥拌炒。慢慢倒入適量低筋麵粉拌炒（小心勿燒焦）。
3 湯鍋倒入蔬菜高湯、馬鈴薯丁燉煮至軟，最後加入鮮奶。
4 將鮭魚碎肉撒在濃湯上即可，可用巴西利做裝飾。

A-2

摩洛哥塔吉鍋燉番茄豆腐咖哩佐北非小米

材料

番茄咖哩
番茄
馬鈴薯
洋蔥
紅蘿蔔
青蔥
百頁豆腐
水或蔬菜高湯
速食咖哩塊
紅酒
北非小米
薑黃粉

器具

塔吉鍋、大碗

作法

1 番茄、馬鈴薯、洋蔥、紅蘿蔔、百頁豆腐切塊，青蔥切碎，放入塔吉鍋拌炒至略熟。倒入些許紅酒提香繼續拌炒。
2 將速食咖哩塊與熱水或蔬菜高湯拌融，倒入塔吉鍋一起燉煮。
3 北非小米放在大碗裡，撒上適量薑黃粉，倒入滾水泡十分鐘，小米熟了之後以叉子拌開。
4 盤子放上北非小米，淋上番茄豆腐咖哩即可食用。

A-3

德國黑麥麵包
起司三明治

材料

德國黑麥麵包
馬札瑞拉起司片
新鮮番茄
美生菜
核桃
亞麻仁油

作法

德國黑麥麵包切片，包入番茄片、美生菜、馬札瑞拉起司片、碎核桃，可淋上適量亞麻仁油。

A-4

墨西哥玉米餅夾
酪梨莎莎醬

材料

現成墨西哥玉米餅
酪梨
檸檬
罐頭番茄丁
洋蔥
砂糖
橄欖油
蒜頭
鹽跟胡椒
墨西哥辣椒

作法

1 酪梨切塊、罐頭番茄丁、生洋蔥切丁、墨西哥辣椒切丁、蒜頭切末拌勻。加入適量檸檬汁、砂糖、橄欖油、鹽跟胡椒拌勻。
2 墨西哥玉米餅以平底鍋乾煎煎熱，加入作法1的酪梨莎莎醬即可食用。

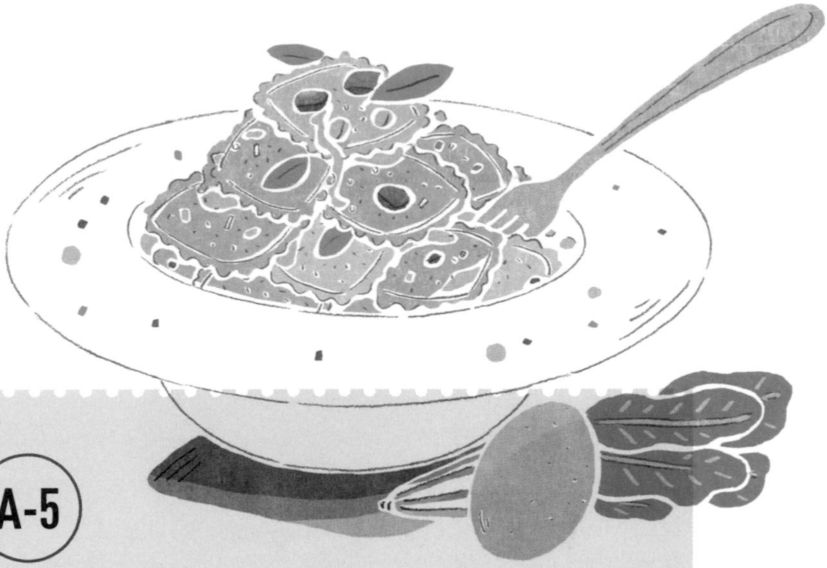

A-5

小綠綠菠菜豆腐起司義大利餃子

材料

菠菜麵團

- 菠菜
- 蛋黃
- 全蛋
- 中筋麵粉
- 杜蘭小麥粉
- 橄欖油
- 鹽
- 水

豆腐

康門貝爾起司(Camembert)

鹽

初榨橄欖油

現成義大利麵番茄醬

器具

調理機、攪拌用碗、保鮮膜、義大利麵製麵機(或擀麵棍)、刀、麵皮壓模、紗布

作法

1 菠菜水煮煮熟後用調理機打成泥。

2 麵粉、杜蘭小麥粉混和後，拌入其他材料與作法1成綠色菠菜麵糰(如麵糰太乾可適量加水)，麵糰包上保鮮膜放置30分鐘。然後取出以義大利麵製麵機或擀麵棍壓成麵皮，再用刀切成小方形餃子皮(或用壓模也可以)。

3 豆腐弄碎，以紗布包起擠乾水分，與弄碎的康門貝爾起司攪拌在一起。

4 單片餃子皮放上適量作法3的豆腐起司泥，餃子皮邊緣沾上少許水分，將兩片餃子皮壓黏在一起。放入加鹽的滾水煮至浮起即是熟了。

5 煮好的義大利餃放上盤子，配上現成義大利麵番茄醬，淋上適量初榨橄欖油即可。

B

慰勞自己的幸福甜點！
GIRLS LOVE DESSERTS!

B-1
水晶橘子薄荷凍

材料
橘子
吉利T
二號砂糖
新鮮薄荷葉

器具
保鮮膜、杯子、果汁機、橡皮筋

作法
1 二號砂糖加水煮溶化吉利T粉，橘子瓣加水入果汁機打成汁（白色纖維可以先去除，口感較不會苦澀）。然後將吉利T糖水與橘子汁攪拌均勻。
2 小杯子先放進一張保鮮膜，倒入作法1，再將保鮮膜用橡皮筋綁起來成小球狀，放入冰箱。
3 果凍成形後拆開保鮮膜取出，在果凍球插上新鮮薄荷葉模仿橘子的樣子即可。

B-2

少女定番巧克力香蕉鬆餅

材料

有機鬆餅粉
雞蛋
鮮奶
新鮮香蕉
巧克力醬
打發鮮奶油

器具

鬆餅機或是鬆餅模（平底鍋煎法）

作法

1 鬆餅粉、雞蛋、牛奶混和。放入鬆餅機煎成鬆餅，或是用鬆餅模在平底鍋上煎成形狀鬆餅。
2 鬆餅放上盤子，再擠上巧克力醬、切好的香蕉片即可。旁邊可附上一些打發的鮮奶油。

B-3

貼心不黏牙花生醬餅乾

材料

牛油
糖粉
雞蛋
低筋麵粉
花生醬

器具

攪拌器、烤箱、擠花袋、烘焙紙

作法

1 室溫融化的牛油慢慢加糖粉在碗裡打發。再加入打散的雞蛋攪拌均勻。
2 將作法1拌入花生醬，拌勻後再慢慢加入麵粉攪拌均勻。
3 將作法2麵糊以擠花袋一份份擠在鋪好烘焙紙的烤盤上，放入烤箱以150度烤30分鐘左右至硬化、香脆即可。

C

補充元氣的飲品！

WANT MORE ENERGY?

C-1

韓風紅棗人參蜂蜜飲

材料

水
紅棗
西洋人參鬚
蜂蜜

器具

茶壺

作法

開水煮沸後放入去籽紅棗、西洋人參鬚燉煮十分鐘；最後加入適量蜂蜜調味即可。

C-3

身體不渴椰鳳汁

材料

新鮮鳳梨汁
新鮮椰子汁

器具

杯子

作法

將鳳梨汁與椰子汁混和即可，比例可自己斟酌（建議加入較多的椰子汁減低甜度）。

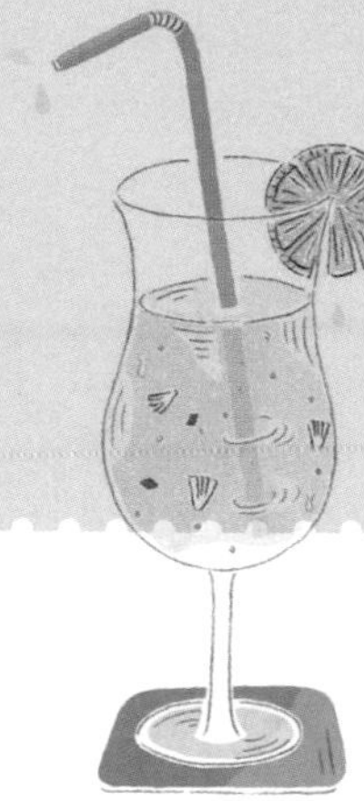

C-2

面紅紅黑糖四物飲

材料

水
四物
黑糖
乾薑

器具

茶壺

作法

開水煮沸後加入四物、乾薑燉煮5～8分鐘；然後再加入適量黑糖調味，重新煮沸後即可。

跑者的超級食物

A

MAIN COURSE 主食

1 **番薯**：地瓜是一種鹼性食品，熱量低、蛋白質高，同時還擁有胡蘿蔔素、銅、維他命C、E以及高纖維。建議作為平日攝取，跑前請勿食用，因為纖維質會造成胃腸脹氣。

2 **全麥麵包**：麵包是相當好消化的碳水化合物來源，選擇低G.I.值的全麥麵包更是理想。我在跑前幾天會食用德國黑麥麵包三明治，補充大量維生素。

3 **糙米飯**：糙米的維生素B12、B2特別豐富，每天攝取可以消除精神壓力，緩和肌肉疲勞，強化心臟。

4 **全麥義大利麵**：使用杜蘭小麥（Durum wheat）製作的義大利麵也是非常優質的澱粉來源，許多馬拉松跑者都會在賽前一夜狂吃義大利麵。我特別推薦全麥義大利麵，G.I.值較低，也富含纖維與維生素。

5 **墨西哥玉米餅（Taco）**：超馬之神、美國24小時超馬記錄保持人Scott Jurek常食用的主食；素食主義的他，也會食用油炸玉米餅補充能量。玉米餅是粗糧，富含膳食纖維與維生素B，可包裹新鮮蔬菜與豆泥、起司食用。

6 **北非小米（Couscous）**：雖名為「小米」，但其實是以杜蘭小麥製成的米粒，為地中海國家的重要主食。富含膳食纖維及維他命B6與葉酸，因為卡路里較低，建議可以大量攝取。

B

VEGETABLE 蔬菜

7 **菠菜**：菠菜幾乎是深綠色蔬菜之王，它含有豐富的維他命C、胡蘿蔔素、蛋白質、礦物質、鈣、鐵等營養。其中大量的鐵質更能預防女性跑者常發生的貧血現象，建議日常要多補充。

C

PROTEIN 蛋白質

8 **豆腐**：豆腐含有豐富的蛋白質、鈣、維生素E、卵磷脂、半胱胺酸等營養素。與肉類相比，大豆蛋白甚至是人體更好的蛋白質來源。

9 **起司**：起司含高鈣、高蛋白，也富含維生素，如維生素A、B群、D、E，以及礦物質鈉、磷。磷可以幫助鈣的吸收，強健跑者所需的骨本。

10 **鮭魚**：鮭魚含有能降低血脂的不飽和脂肪酸，還有強健腦部與神經系統的Omega-3脂肪酸。但在選購上要注意來源海域是否有重金屬汙染問題，素食者可由攝取亞麻仁油取代魚油的營養素。

D

OIL 油脂

11 **亞麻仁油**：含高量Omega-3脂肪酸，可預防心血管疾病；完全蛋白質則可維持人體必需胺基酸的產生。建議平日就將亞麻仁油作為沙拉淋醬、涼拌、搭配新鮮果菜汁。

12 **橄欖油**：橄欖油含有豐富的維他命A、D、E、K，及內含的抗氧成分具有抗老化的作用。建議選用有機橄欖油，作為主要料理用油。

1

2

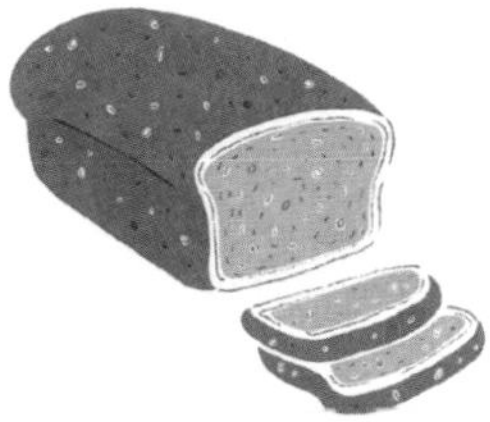

3

4

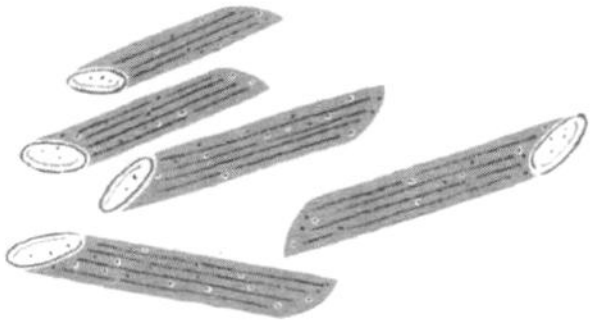

5

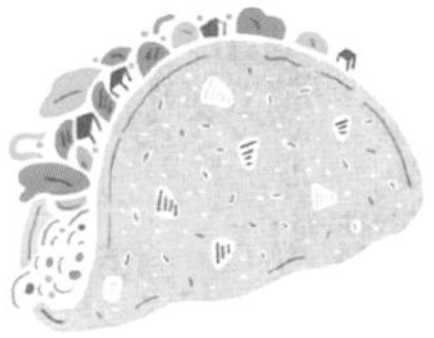

6

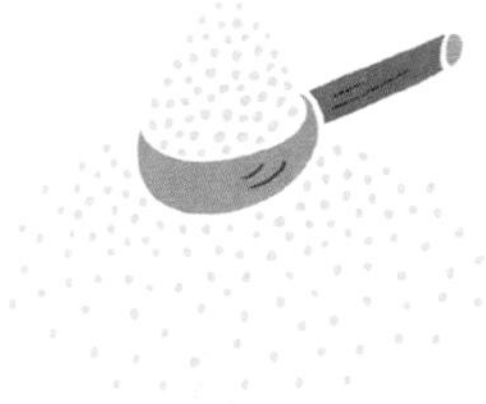

7

8

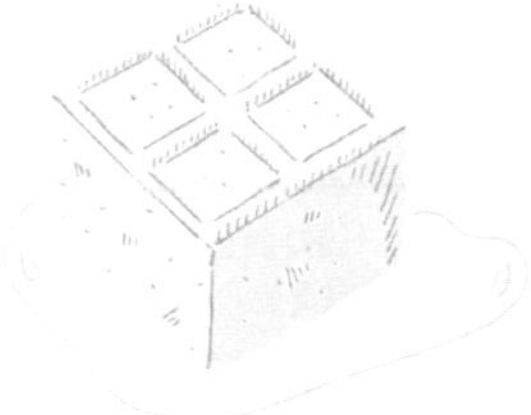

9

10

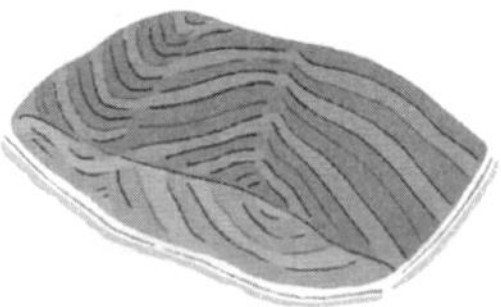

11

12

E

FRUIT & DESSERT
水果與甜食

13 **蜂蜜**：蜂蜜含有葡萄糖、寡糖、類黃酮素等營養素，能消除疲勞，是跑者很好的能量與熱量來源。寡糖則能促進益菌的繁殖，有整腸、提高免疫力的作用。

14 **香蕉**：香蕉是運動員的超級食物，富含能預防抽筋的電解質，維生素C、鉀、錳和纖維質；好消化、又能即時補充能量、提高運動表現。如果要舉出一個對運動員來說最有益處的食材，我想絕對非香蕉莫屬。

15 **柑橘類**：柑橘含有大量的維生素C、鋅和葉酸，可以加速傷口癒合，有效預防感冒與壞血病。此外，還能協助鈣質、鐵質的吸收。檸檬酸可幫助代謝運動後的乳酸堆積，消除疲勞。

16 **椰子汁**：椰子水是天然電解質飲料，富含維生素B群、礦物質、微量元素(鋅、硒、碘、硫、錳)、氨基酸、有機酸、抗氧化劑、酶、電解質和天然鹽。與市售運動飲料相比，糖分與熱量都相對較低，也不含人工化合物。

17 **黑糖**：黑糖含有豐富的維生素B1、B2，鐵、鋅、鈣、鉀等礦物質，還有高量葡萄糖，是相當優質的能量來源。

18 **花生醬**：花生醬含有豐富的蛋白質、礦物質微量元素和大量的維生素B、維生素E，熱量高，能即時給予運動員做補充之用。

19 **黑巧克力**：黑巧克力中的黃酮可降低血脂、預防高血壓與心臟病。研究指出，運動後飲用巧克力牛奶能明顯降低肌肉損傷、補充碳水化合物來源。

F

CHINESE INGREDIENT
漢方食材

20 **紅棗**：紅棗含有蛋白質、脂肪及多種礦物質元素，如：鈣、磷、鐵。以中醫來說，紅棗有補中益氣、養血安神的作用，味甘性溫的特性也很適合體質較虛寒的女性。

21 **人參**：人參在中醫的功效為大補元氣，復脈固脫，補脾益肺，生津止渴，安神益智。總地來說，很適合作為疲勞恢復、增強免疫力之用。

22 **四物**：四物指的是當歸、熟地黃、川芎及芍藥這四種中藥的組合，能改善婦女陰虛、手腳冰冷、月經不順，也能補充元氣。建議女生在生理期之外可以固定食用四物湯、四物飲品。

13

14

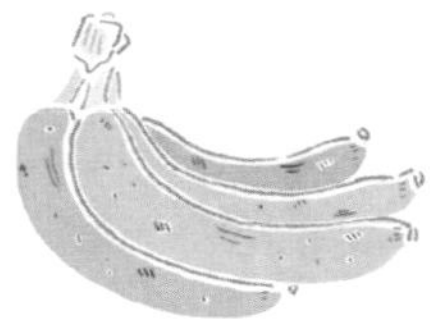

15

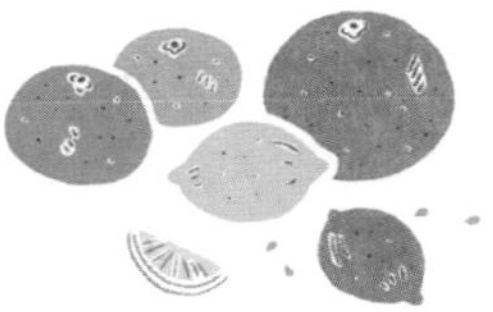

16

17

18

19

20

21

22

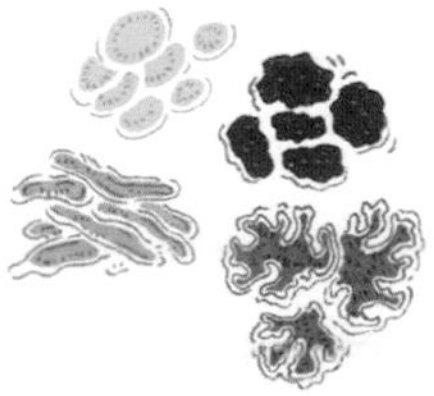

NG!
FLYKNIT
IS FOR
WINNERS

PART 6
KEEP RUNNI
讓自己繼續跑下去

6-1

MAKE RUNNING FUN

讓跑步變好玩

只要找對了方法，
跑步其實並不是
無聊的運動，
它也可以變得很好玩。

我們學會了跑步時要怎麼穿搭、怎麼熱身、怎麼調整姿勢，也了解跑步時會遭遇到的疑難雜症該如何解決；但要怎麼做才能持續對練跑的熱情呢？

「剛開始幾天還很興奮地跑，結果一下子就膩了……」
「跑步好無聊，除了聽音樂什麼事都不能做……」
「因為都沒有朋友陪我跑，我就越跑越少了……」

如果妳出現了以上情形，請試試看這單元將告訴妳的解決方法；妳會發現，跑步其實並不是無聊的運動，它也可以變得很好玩。

方法一：旅跑

為旅遊而跑、為跑步而旅遊

我是一個愛旅行的人，我喜歡跟朋友一起旅行，更喜歡自己一個人旅行；但到了一個地方卻只為了吃東西、買東西，是不是感覺少了些什麼？以往出去玩我會憑著旅遊書按圖索驥，逛大家都知道的景點、吃觀光客必吃的東西……但自從將「參加馬拉松路跑」排進行程之後，我重新找到了認識一座城市的新方式，也因為參加路跑，讓我對本來不熟悉的地方更有興趣；例如我以往從未興起到日本名古屋市遊覽的念頭，要不是為了跑馬，我可能會錯過這一生中所吃過最好吃的鰻魚飯！

對我們業餘跑者來說，參加路跑本該是件輕鬆無壓力的事，而將跑步加入旅遊生活後，也能讓跑者用雙足重新認識一個原本已熟悉的地方。妳可能去過東京，可能去過了築地市場，也可能去過了晴空塔，但妳是否曾親身感受過東京馬拉松那種盛大歡樂的氣氛？「為旅遊而跑、為跑步而旅遊」絕對是提升旅遊品質，又能讓自己持續跑下去的好方法。

妳知道法國梅鐸區在每年的波爾多紅酒產季，都會舉辦一場紅酒喝到飽、生蠔吃到飽、起司吃到飽的「紅酒馬拉松」嗎？妳知道每年十月於舊金山舉行的女子馬拉松，完跑禮居然是Tiffany項鍊嗎？如果心動了，就趕快展開練跑與旅遊計畫吧！

這一天終於來到了，二○一三年三月，我得到前進日本名古屋的機會，為了參加名古屋女子馬拉松的四十二公里全程馬拉松（詳細馬拉松路跑資訊，請見本書「世界各地馬拉松行程表」）。

方法二：跟朋友跑在一起
跑步不是孤獨的

在這裡先與大家分享一個新的名詞「CREW RUN」，我們可以把它解釋成「團跑」，再直接一點地說，就是：組成一個跑步團體，與朋友跑在一起。過去我們常常會認為跑步是孤獨的運動，也確實有許多資深跑者告訴我們：「跑步可以讓你享受孤獨。」但對於「道行」還不夠深的女生們來說，一個人跑著跑著總是會感到有點無聊，也少了些持續下去的動力。

一個人跑步我把它簡稱為「獨跑」，獨跑的好處，就是能夠花時間與自己好好對話。我認為，從事創作工作的人一定要鍛鍊自己獨跑的能力，利用這段心無旁騖的時間，好好激發深藏在腦內的創意。獨跑派的代表人物有日本文豪村上春樹，村上曾說過：「我對寫作的很多掌握是從跑步學來……。我跑步時不會沉浸回憶。基本上我一件事也不想，我只以最舒適、自我打造的空無一直跑著。」有超過三十年馬拉松經歷的村上靠著長跑時的冥想，完成了一部部膾炙人口的小說；而他也曾經挑戰過一百公里的超級馬拉松。

相較於獨跑，「團跑」則又有不同的好處；除了好玩、與朋友互相督促進步之外，跑步團體也能更有力量地給其他人帶來正向影響。我自己原本是個喜愛獨跑的人，獨跑可以不限時間地點，只要自己有空就能去跑，但自從組成跑步團體之後，每個星期的聚跑都能為自己帶來追求進步的正面壓力（因為我的成員實在是太厲害了）。我們除了一起練跑，還會一起報名路跑賽、一起郊遊玩樂，當然玩樂時也不會忘了要跑步……最棒的附加價值，就是我們影響了一些本來對跑步沒興趣的人，網友因為看到我們這麼做而發覺「原來跑步可以這麼好玩」，進而組成自己的跑步團體，將跑步融入生活之中。

全世界各地都有許多路跑團體，有的成軍較久、規模組織較大，甚至可以出版自己的專屬跑步商品；有的則剛剛興起，以較少的人數在特地區域活動著。我們的路跑團體「Amazing Crew」就是屬於小規模的新團體，在這邊與大家分享一下Amazing Crew的聚跑方式：

我們的路跑團體Amazing Crew在2013年4月正式成軍，成員有設計師、插畫家，也有媒體工作者。

我與Amazing Crew的成員「馬克媽媽」一同完成了2013年的「NIKE女生路跑10K」，這也是我第二次參加女生路跑。

1 我們固定每週會找一天聚跑，固定時間、固定距離，但每次要跑的地方都不同，由每個成員輪流提供自己的跑步路線。這樣做不但能增加聚跑時的期待感，也能接觸到自己原本不知道的跑步路線。

2 我們每次聚跑完一定會一起去吃東西（〈跑步疑難雜症〉單元會和大家提到：在運動後吃東西會發胖是錯誤觀念），聚餐的地方通常是跑步路線附近的美食，這也能增加成員來參與跑步的動力。

3 我們會一起報名各大路跑賽，像是二〇一三年的台北女生路跑、上海馬拉松、二〇一四年的東京馬拉松。這樣不但能跟朋友跑在一起，還可以順便旅遊玩樂，一兼兩顧。

4 我們在Facebook上成立自己的粉絲專頁，除了能將自己每週跑步的情況分享給大家，也能增加各成員參與的動力與向心力。除此之外，也因為網路的關係，我們有機會與世界各地的其他路跑團體聯繫。例如香港路跑團體的成員來台灣玩時，我們就會帶他一起聚跑，以雙腳認識不一樣的台北市。

我曾在人生第一次的路跑賽經驗中體會到：「每個跑者都是獨自地在跑著，但卻有著一樣的目標、在朝著一樣的方向前進；那是我親身感受過最巨大的正面能量。」跑步乍看之下是孤獨的運動，事實上，妳能用團體的力量讓她變得熱鬧而有趣。與朋友組成路跑團體，絕對是持續練跑動力的一個好方法。

6-2

RUN! GIRLS RUN!

女孩們，妳是為了什麼而跑？

每個女生要培養正向思考、要懂得愛自己，跑步就是愛自己的最好方法。

「正向思考」很重要，對跑者來說當然也是。不想出門路跑的理由百百種：上班太累、等公車腿好痠、今天沒吃甜食、好像快下雨了？想減肥，明天再開始吧……「偷懶」很容易，但如果換一個角度去思考就會發現：如果勤快地跑了一場，將會為自己帶來很多很多好處。知名跑者彼得・馬赫（Peter Maher）曾說過一句話：跑步是一個天天都存在的大問號，它會問你：「你今天要當膽小鬼，還是要堅強？」

雙足步行的人類可說是為了長跑而生的物種，當我在美國看到裝著「刀鋒義肢」的跑者在奔馳時，我心中得到了極具大的鼓舞……即使意外奪走了一個人的雙足，也不能阻止人類追求「跑步」的慾望。而四肢健全的我，又有什麼理由不跑？起初，我是為了瘦身而跑，後來我是為了證明自己的堅強而跑，到現在，我只是「為了跑而跑」；因為我已經完全愛上它了！

每個跑者都會遇到「撞牆期」，而撞牆期有兩種：一種是在跑步過程中體能遭遇的阻力；另一種形而上的，則是對於「跑步」這件事的倦怠感。如果女生們能培養正向思考的力量，將能把熱忱轉化為動力，轉念之間輕鬆度過撞牆期。每個女生都要懂得愛自己，而跑步就是愛自己的最好方法之一。

這有五十個讓女生繼續跑下去的美麗理由，而妳，又是為了什麼而跑？

50 REASONS TO RUN!
讓自己跑下去的50個理由

01
為了讓
屁股變小

02
為了瘦下大腿、
穿上及膝馬靴

03
為了夏天穿
比基尼時會露出來的
馬甲線條

04
為了消耗剛剛
偷偷多吃的
一碗白飯

05
為了下午能多吃
一塊起司蛋糕

06
為了睡前能再多喝
一杯香醇紅酒

07
為了鼓勵
男朋友減肥

08
為了鼓勵
老爸戒菸

09
為了激勵家人
一起運動

10
為了通過學校
體適能測驗

11
為了參加卡拉OK
大賽提升肺活量

12
為了改善
手腳冰冷

13
為了飽覽河濱公園
的好風景

14
為了變成性感
女神般的身材

15
為了宣洩被老闆
罵的憤怒

16
為了對抗
慢性病

17
為了成為兒女心中
的神力女超人

18
為了
走出憂鬱

19
為了晚上能
睡得更好

20
為了與
自己對話

21
為了調整自己的
過敏體質

22
為了下個月計畫的
登山健行

23
為了給自己的
朋友帶來鼓舞

24
為了試試看自己能
做到什麼程度

25
為了追星時能離
偶像更近一步

26 為了跟同事打賭的減肥獎金

27 為了像自己的偶像一樣會跑

28 為了下次再也不會追不到公車或垃圾車

29 為了改善生理期失調

30 為了參加鐵人三項賽

31 為了參與另一半的運動生活

32 為了穿下去年冬天買的那條緊身牛仔褲

33 為了降低體脂肪

34 為了吸引某位運動男孩的注意

35 為了參加同學會時讓老同學嚇一跳

36 為了穿上新工作面試的套裝

37 為了出席昔日情敵的喜酒

38 為了讓劈腿的前男友後悔

39 為了晚上讓新男友慾火焚身

40 為了參加一場馬拉松賽

41 為了累積Run Club里程數

42 為了體會腦內啡的感覺

43 為了找件事與好姊妹一起同樂

44 為了獲得田徑校隊的提名

45 為了讓數個月後的生產更順利

46 為了變成吃不胖的體質

47 為了紀念離開這個世界的親朋好友

48 為了證明自己是堅強的

49 為了帶給別人堅強

50

不為了什麼
只因為我是一個喜歡跑步的女生（笑）

「『痛快跑一場』的感覺，和『窩在家裡卻希望自己有出去跑步』的感覺，哪一個比較棒？」

——跑者．莎拉．康杜

"Remember the feeling you get from a good run
is far better than the feeling you get from
sitting around wishing you were running." ——SARAH CONDOR

BONUS 1

RUNNING QUESTIONNAIRE

跑步疑難雜症

「跑步時膝蓋會痛怎麼辦？」「跑步小腿會不會變粗？」「不是聽說有人越運動越胖？」「跑步時可以化妝嗎？」……女生跑步時會遭遇的疑難雜症何其多，如果沒有得到正確解答，往往會成為讓自己裹足不前，甚至放棄跑步的原因。同為業餘跑者，我剛開始跑步時也是問題一堆，越跑越恐懼，後來自己上網查證、詢問前輩與教練後，才發覺：「原來如此！我的擔心是多慮的！」「運動學」往往是女生較不熟悉的領域，因此我要針對「運動基礎常識」多加著墨。另外，身為女生，在跑步時也會遭遇一些男生不會遇到的困擾，例如生理期時可以跑步嗎？接下來就讓我們以問答方式一一釐清。跑步堪稱是「最簡單也最有深度的運動」，但只要了解它，跑步一點都不困難！

A 跑步基礎常識篇

跑步基礎常識是最重要的部分，這裡我們會針對「運動學」的邏輯做簡單解答，例如各部位的肌肉名稱、跑步常會提及的專有名詞等。另外，「跑者常遭遇的狀況」也是剛開始接觸跑步的女生們一定要留意的地方。

○ 跑步常會用到的腿部肌肉有哪些？

大腿前側的肌肉叫「股四頭肌」，是跑者最常用到的肌肉，短跑田徑選手往往有發達的股四頭肌。屁股的「臀肌」則是由數個肌群組成，細分為「臀大肌」、「臀中肌」、「臀小肌」，臀肌發達對於跑者的耐力與維持骨盆穩定度都很有幫助。小腿部分，跑者常使用到的是前方的「脛前肌」、後側的「腓腸肌」（小腿肚），而小腿肚下方的「比目魚肌」則是無論走路、站立都會用到的肌肉。

○ 什麼是「有氧運動」？什麼又是「無氧運動」？

「有氧運動」指的多半是長時間的中強度運動，例如慢跑、腳踏車、健走等。由於此種運動方式能維持體內循環與血液供氧正常，所以不易造成「乳酸堆積」，也較能達到燃燒脂肪、提高新陳代謝的目的。而「無氧運動」通常指的是短時間、高爆發性的運動與肌力訓練，如拔河、短跑、重量訓練。無氧運動可以雕塑肌肉，但一定要與有氧運動交互進行。

○「乳酸」是什麼？為什麼運動後會「乳酸堆積」？

「乳酸（Lactate）」是人體在運動過程中，葡萄糖代謝過程的中途產物。一般情形下，人體是可以自然代謝乳酸的，但如果妳的運動強度過高、氧氣供應不足形成「無氧代謝」，而乳酸無法在短時間內分解為水與二氧化碳的話，就會堆積在體內、造成肌肉疼痛；我們俗語所說的「鐵腿」，其實指的就是「乳酸堆積」造成的痠痛現象（但也有可能是由肌肉纖維鍛鍊造成的）。

○ 跑步會造成乳酸堆積嗎？

「乳酸」在運動學中是一個很複雜的東西，每位選手都有不同的「乳酸閾值（Lactate Threshold）」，也就是當妳達到多少強度的運動量時，體內便會開始堆積乳酸，造成疲勞感。這個門檻是可以經由鍛鍊提高的，而L.S.D.長距離慢跑則是利用「身體可以自然代謝乳酸」的強度來進行的訓練法。也因此，如果妳是一個中低速度的馬拉松跑者，其實不太需要擔心乳酸堆積的問題；但若是短跑、衝刺跑，運動後則要花點心思去代謝乳酸。

○ 運動後要怎麼排除乳酸堆積？

最簡單的乳酸堆積排除法，就是「多喝水」、「吃些富含檸檬酸的食物（如柑橘類）」，讓健康的身體自然代謝掉它。另外跑完步後「泡熱水澡」、「三溫暖」也是加速循環的好方法，台灣有不少資深長跑跑者都是「泡溫泉」的愛好者呢！如果家中沒有浴缸，可以利用蓮蓬頭針對痠痛肌肉進行「冷熱水淋浴」，冷水沖一分鐘、熱水三分鐘，交互進行。再來，「按摩」與「休息」都很重要，跑完馬拉松的當天一定要好好睡上一覺。剛開始長跑痠痛會持續個三、四天，等到有持續運動習慣後就會改善。

○ 跑步會傷膝蓋嗎？

有傳言說「跑步會傷膝蓋」，其實是天大的誤會；只要姿勢正確，跑步不但不會傷膝蓋，對預防關節退化還大大有益，甚至能提升骨質密度、降低關節炎風險。正確的跑步姿勢相當重要，當我們在奔跑時，下肢必須承受體重三至六倍的重量，也因此若以錯誤的姿勢跑步，每踏出一步都是傷害。摒除姿勢的部分，「體重過重」才是造成跑步傷膝蓋的主因，建議體重過重的人先嘗試快走運動，等到體重減輕後再開始慢跑，以避免膝蓋受到太大壓力。

○ 如果跑步不會傷膝蓋，為什麼我跑完步膝蓋會痛？

跑步膝蓋會痛的成因除了「體重過重」（奔跑落地時膝關節受到太大衝擊）、「姿勢不正確」也是極大原因；當我們的腳在著地的時候，整個下身要保持彈性，讓衝擊力分散到全身，就可以避免以單一部位承受所有的震盪。另一個常見的原因，則是妳「以為膝蓋在痛」，其實是「膝髕骨摩擦韌帶」造成疼痛，會產生這個現象通常是因跑前熱身不足、肌耐力不夠，女生可以藉由減低速度、多加練習來改善。

○ 跑步完小腿好痠喔～大腿也好痠喔～

剛開始跑步時一定會遇到腿部痠痛的情形，這是正常的現象，主要成因就是「肌力不足」或是「乳酸閾值」較低，這兩點都可以單純地以持續鍛鍊改善。只要持之以恆地運動，就可以增加肌耐力、提升自體循環，相信很多初跑時的疑難雜症都可以獲得改善。痠痛很正常，但留意痠痛的部位也很重要；如果是小腿前側痠痛的話，可能是由於骨盆歪斜造成跑步時力線不正確，如果狀況持續發生，建議女生尋求物理治療師的專業協助。

○ 跑步小腿會變粗嗎？

誤以為「小腿會變粗」是造成許多女生不願意跑步的原因，事實上，世界上絕大多數的馬拉松跑者都擁有纖細身材、鮮少有大塊壯碩的肌肉。我們的小腿主要是由「腓腸肌」與「比目魚肌」組成，前者掌管爆發力，後者則關聯到日常作息的行走與站立。會「橫向發展」的肌肉是「腓腸肌」，這也是為什麼我們常見短跑田徑選手都有塊狀的小腿肌。而屬於有氧運動的長跑與馬拉松則不強調爆發力，不但不會造成蘿蔔腿，還能改善肌肉線條。除此之外，肌肉形狀可以靠運動後的伸展與拉筋來修飾，但主宰小腿粗細的最大原因依然是「遺傳因子」。

○ 跑步腳掌會痛怎麼辦？

跑步時腳掌會痛有幾個成因：跑鞋不合腳、疾病（如痛風），而最有可能的原因是「足底肌膜炎」。足底肌膜炎是跑者常見的症狀，尤其是「高足弓」或「扁平足」的跑者最容易發生，由於慢跑時足弓承受過多壓力，造成足底肌膜過度伸張而發炎。除了天生的腳型之外，體重過重的人運動、突然激烈運動、穿著底太平的鞋子走路也都可能造成足底肌膜炎。如果發生了，請立刻停止跑步好好休息，然後請專業醫師做診斷，不可大意。

○ 跑步時腰酸背痛、肩頸痠痛怎麼辦？

如果不是生理疾病造成的問題，跑步時會腰痠背痛、肩頸痠痛大概只有兩個原因：「姿勢不對」和「肌力不足」。矯正跑步姿勢是避免掉大部分長跑運動傷害的最好方法，所有女生在開始練跑時一定要多加留意。而雖然跑步乍看之下都是下半身的肌肉在運作，事實上全身肌群都必須參與維持身體平衡；因此腰痠、肩膀疼痛等都是在練跑初期有可能發生的症狀，只要多加練習，久而久之就能獲得改善。除了跑步之外，也可以進行健身房的重量訓練、NTC等肌力訓練，交叉訓練將能提升肌力。不過若問題遲遲無法解決，請一定要到醫院求診，詢問專業醫師的意見。

○「交叉訓練」是什麼？

對長跑跑者來說，「交叉訓練（Cross training簡稱XT）」是提升成績、突破撞牆期的好方法。當我們在跑步時，只會用到同樣幾塊肌群，心肺功能的最大值也差不多是固定的；但如果我們在跑步之外再進行一些肌力訓練或是不同性質的有氧運動（例如：游泳、自行車），在生理與心理上都將能提高跑步效能。如果女生想為路跑賽做準備而訓練，建議可以在每週挑一天進行其他種類的運動，將能化解長時間進行單一訓練的倦怠感。

○為什麼跑步時會抽筋？抽筋了怎麼辦？

跑步最怕的突發狀況之一就是抽筋，無論跑得多快、多順暢，一旦小腿、腳板、腳趾等肌肉發生抽筋現象，就算是職業選手也會感到痛不欲生。跑步抽筋的成因其實有兩種：「電解質不足」或「運動強度過高」；也因此，我們要有效預防抽筋就得在跑前仔細進行暖身，避免讓肌肉一下子承受太大的運動量，而沒有充足長跑練習的人也別貿然參加遠距離馬拉松賽。多喝水、最好要補充電解質飲料、鹽巴、香蕉（富含電解質）也是預防抽筋的好方法。

○為什麼跑步時側腰會痛？要怎麼解決？

女生在一開始練跑時常常會「側腰痛」，我以前還曾經以為是「內臟疼痛」而嚇得要命……其實，側腰痛是每個初跑者都會發生的普遍現象，那是由於我們跑步時呼吸加快，造成腹腔橫膈膜急促收縮產生的疼痛感。這個現象會隨著鍛鍊而逐漸消失，但若發生了，只要放慢腳步、調整呼吸，用一個不會喘的速度繼續跑下去，一會兒就可以獲得改善。如果腹部核心肌肉強壯的人，也比較不容易側腰痛（橫膈膜痛），女生可以在平日多加鍛鍊。

○什麼樣的人不適合長跑？

雙足步行的人類可以說是為了跑步而生的物種，長跑（慢跑）所帶來的運動傷害少之又少，即使是殘疾人士，也可以利用「彎刀義肢」進行田徑運動。但就算如此，還是有少數人不適合長跑，例如體重過重的人與心臟有疾病的人。由於跑步時下肢必須承受體重三到六倍的震盪，所以體重過重的人最好先以飲食控制適度減輕體重後再開始慢跑。至於心臟有疾病或殘缺的病患，則必須在經過專業醫師的建議與審核下進行所有種類的運動。

○在跑步機上跑步跟路跑有什麼不同？

在室內跑步機上跑步能夠遮風避雨，也不受路況限制，那為什麼還要路跑（在道路上跑步）呢？跑步機與路跑都是有氧運動，也都能加強心肺能力、燃燒熱量，但跑步機卻有很重要的一點不及路跑：無法鍛鍊到前進的推進肌肉。因為跑者在跑步機上是「被動前進」，與其說是前進，不如說是在跑步機上跳躍，也因此習慣跑步機的人去路跑時總會覺得比較吃力。我建議女生在天候狀況允許之下還是要以路跑為主，看看風景也心曠神怡。

○每個星期到底要練跑多少天？每次跑多長的距離？

國民健康局有提出一個「運動三三三」的口訣，其實非常好記：每週運動三次（運動頻率）、每次超過三十分鐘（運動時間）、心跳要達到一百三十下（運動強度）。只要做到運動三三三，就能有效防範心血管疾病、慢性病，再配合飲食控制可以進而瘦身減脂。但如果是在為了路跑賽做準備的女生，建議把訓練強度再提高，除了跑步外，也可以加入單車、游泳等交叉訓練。若是為了馬拉松（半程或全程），請務必在每週加入一次一個半小時以上的L.S.D.訓練（長距離慢跑）。

○ 跑步時好喘喔……到底要怎麼調整呼吸？

剛開始接觸跑步時總是一跑就喘，甚至會以為自己是不是心肺能力不好？不適合跑步？事實上，那只是因為妳「跑得太快」了！妳可能會覺得跟別人相比自己已經跑得很慢了，怎麼會是因為跑得太快所以太喘？事實上，由於體質與運動習慣不同，我們每個人能接受的運動強度都不同，如果妳跑步會喘，就代表這個運動強度超過妳的能力所及；這時候只要放慢速度，以自己能自然呼吸的速度來跑就好了。只要多加練習，久而久之就能提高跑速，也能抓到適合跑步的呼吸頻率。因此跑步時別把太多心思專注在「怎麼調整呼吸上」，妳的身體會自然找到方法。

○ 跑上坡跟跑下坡（山路）要怎麼跑？

現在台灣除了一般路跑賽外，也常舉行「越野路跑賽」，在享受山路美景之餘勢必得挑戰上坡或下坡的考驗。一般來說，跑上坡雖然感覺比較累、比較喘，但其實是比較簡單的，妳只要維持自己的心肺強度努力往上爬就好了，如果速度比平地時稍慢也沒有關係。但跑下坡可不是靠「努力」就可以戰勝的，還需要很多「技巧」才能避免運動傷害（尤其是對膝蓋的傷害與髖關節拉傷）；跑者要靠核心肌群維持平衡，避免速度過快、跨距過大。我會建議跑者在為了越野路跑賽做準備時，可先以短距離的下坡做練習。

○ 吃飽飯後多久可以跑步？喝完酒可以跑步嗎？

一般來說，吃飽後三十分鐘去散散步、做些沒什麼強度的緩和運動可以幫助腸胃蠕動、促進消化，但跑步這種震盪大的運動可就不行了。吃完飯後最好要休息兩個半小時以上才能跑步，避免食物在胃壁震動造成胃炎，反而有礙健康。上班族可以在下班後先跑步再吃晚餐，免得因吃飯時間太晚而捨棄運動時間。至於跑前最好不要攝取酒精飲料，除了因酒精影響平衡可能會產生的安全問題外，肝臟也必須專心分解酒精。

○ 夏天跑步時要怎麼預防中暑？避免熱衰竭？

台灣的夏季非常炎熱，動輒攝氏三十幾度以上，為了安全，我會建議夏季時把跑步訓練改到晚上，距離與強度也可以稍微減低。路跑賽旺季是秋冬，夏季訓練的目的主要是為了「維持體力」，所以不需太強求自己。除此之外，「多喝水」、「多補充電解質」是預防中暑的最好方法，喝水時記得要小口小口飲用，避免一下子灌太多水反而沖淡了體內的電解質，造成不適。

○ 跑步後腳趾甲發黑淤青了，怎麼辦？

積極練跑後造成腳趾甲發黑、瘀青、甚至脫落都是跑者常見的現象，連我自己也沒有倖免在連續挑戰過幾場馬拉松之後，我的腳趾甲變黑，但卻沒有疼痛感，後來才知道腳趾甲變黑就是產生了瘀血現象。黑趾甲的成因有幾個可能性：跑鞋尺寸太小造成擠壓、習慣以腳趾著地、跑者腳趾甲過長。只要多注意以上幾點就可以避免黑指趾情形發生。但如果是「灰趾甲」，就必須要就醫了，因為那有可能是悶熱造成的黴菌感染。

○ 聽說生病流汗會比較快痊癒，所以感冒時可以跑步嗎？

在印象之中，小時候感冒了媽媽都會叫我們去沖熱水澡，讓身體循環加快、趕走病毒；而跑步運動也能讓循環代謝加快，所以我們在感冒生病時也可以去跑步嗎？答案是：初期感冒可以，大感冒最好別這麼做！如果妳只是受風寒，可以跑跑步、祛祛寒氣（要注意跑完別被風吹又再度著涼），但如果是病毒造成的感冒，最好就是多休息，讓體內白血球能專心與病毒奮戰。有固定運動習慣的人比較不容易生病，但若生病了，真的要讓身體好好休息一段時間。

B 女性生理保健、路跑賽篇

女生跟男生的生理結構不一樣，女跑者總也會遭遇一些男生無法體會的問題，這個單元將針對此部分做簡單解答。此外，我也會以自身經驗分享參加路跑賽時女生要注意的地方，每個人狀況不盡相同，但可作為女生們參考之用。

○ 女生在生理期的時候可以跑步嗎？

「經痛」是男生永遠無法體會的痛苦，痛起來什麼事都做不了……但如果妳是個沒有生理痛狀況、平常又有運動習慣的女生，勢必會想在生理期時維持自己的運動習慣。其實生理期時跑步不是不好，慢跑運動會幫助子宮收縮，若妳是經血量過少的女性，可以利用慢跑做改善；但若是一般女性，則可能會造成經血量變大或是經期變短。我建議女生在生理期的前兩天多休息，把跑步改為瑜伽或伸展等靜態運動，善待自己的身體。

○ 運動對改善生理期（經痛、生理期頻率）有幫助嗎？

改善經痛的方法，除了如中醫所告誡的：少吃冰冷寒涼的食物，運動也是一個很好的方法，這運動分為生理期間與生理期外的運動。以往沒有運動習慣的女生在開始跑步後，身體代謝提高、體質會趨於平衡，進而改善婦科問題。但生理期間最好改做一些瑜伽舒緩運動，能有效化解不適感。心情放鬆也很重要，我在剛開始跑步時反而生理期混亂，後來才知道原來我給了自己太大的心理壓力。

○ 懷孕的時候可以跑步嗎？

依中醫傳統觀念，懷孕時最怕「動了胎氣」，孕婦不能跑、不能跳、不能爬樓梯、不能搬重物……但近年來歐美卻越來越流行「孕婦慢跑」，說能改善子宮收縮、使生產順利。其實孕婦是可以運動的，除了幫助子宮收縮外，運動帶來的愉悅感也能緩解懷孕期的不適，但要注意運動強度絕對不可以高，而且懷孕初期胎盤還沒穩定（容易流產），也最好不要做劇烈運動。懷孕到底能不能跑步？建議準媽媽們還是要先詢問醫生。

○ 胸部較大的女生在跑步時要注意什麼？

在「運動內衣」單元中，我有與各位女生提到運動內衣的重要性，由於跑步是高震盪的有氧運動，胸部肌腱會產生拉扯情形，因此運動內衣的穩定性相當重要，胸部大的女生尤其要注意。在運動內衣的選購上，跑步時要穿的是「中強度」與「高強度」的運動內衣，但胸部豐滿的女生則要選擇「高強度」到「超高強度」，以避免震盪時帶來的傷害。

○ 跑步時放屁是正常的嗎？

在參加路跑賽時，常聽到四周跑者發出此起彼落的放屁聲，當因為覺得尷尬而忍笑的時候，沒想到自己也「噗～」了一下……這種經驗應該許多跑者都有遇過。跑步時放屁是再正常也不過的事，因為運動本來就會促進腸胃蠕動，無論放屁或是打嗝都是正常的反應，因此不需大驚小怪。但如果妳的排氣情形很嚴重，就要想想看自己是不是在運動前吃了容易造成脹氣的食物？例如地瓜、芋頭、黃豆或可樂汽水。

○參加路跑賽前夜要睡多少時間？

一般建議每個人每天要有六到八小時的充足睡眠，不要太多也不要太少，參加路跑賽前也是一樣。緊張感往往會造成跑者無法入眠（像我第一次跑全馬前夜只睡了三個小時……），也因此，我們在路跑賽舉行的前幾天就要開始調整生活作息，把鬧鐘定在「起跑時間的前三個小時」，例如比賽當天是早上六點起跑，從前幾天開始就要習慣在凌晨三點起床。跑後的補眠休息也很重要，尤其是跑完全程馬拉松之後，適度補眠可以讓身體與肝臟回復正常代謝。

○路跑時遇到下雨該怎麼辦？

天有不測風雲，跑起來動輒數小時以上的馬拉松或L.S.D.長距離慢跑訓練更是有可能遭遇氣候轉變，也因此，我們在起跑前就可以做些準備，例如戴上跑步專用的帽子或墨鏡，不但可以遮陽，也可以預防下雨後雨滴進眼睛造成不適。如果路面有積水的情形，在跑步時速度可以稍稍放慢、注意安全以防滑倒。其實對許多跑者來說，雨天跑步是相當舒服的，反正晴天跑完身體也是會汗濕，下雨反而有降溫作用。

○參加路跑賽時要注意什麼禮貌事項？

近年來路跑風氣興盛，但因為步行而不禮讓的參加者越來越多，造成路跑賽大塞車、變成「遊行」，這情況是許多跑者都不樂見的。為了成為更有禮貌的跑者，剛開始接觸路跑賽的女生們一定要注意以下事項：

一．如果妳跑一跑感到不適，想要拉筋，請一定要退到跑道邊邊進行。

二．如果跑累了，想要改為行走，也一定要退到跑道邊，以免阻擋到後面速度較快的跑者。許多有經驗的跑者在參加路跑賽時會配速，如果無法照自己的配速前進可能會造成身體不舒服，請跑速較慢的跑者務必做到禮讓。

○在路跑賽途中領取補給品（水、食物）時該注意什麼？要喝多少水？

通常馬拉松賽是在每隔兩公里半處會有一個水站，供應飲用水或運動飲料，但依照各大會規劃不同也會各有區別。水站與補給站（食物）會綿延數公尺，想要領取補給品的跑者可以盡量往前移動，以免造成塞車。喝完的水杯、食物包裝請扔到垃圾桶或跑道邊邊，絕對不可以就地亂丟。喝水頻率由跑者自行評估，如果天氣較熱，建議每個水站都停下來喝水。而補給品、食物、能量膠不可拿太多，保持公德心才能讓每個跑者都享到應有的福利。

○女生參加路跑賽要在什麼時候上廁所？

相對於男性，女性膀胱容量本來就比較小。在動輒數小時的馬拉松賽中，就算流了很多汗，只要有積極補充飲用水，必然會遇到想上廁所的情形。別因為擔心跑到一半想尿尿就不喝水！路跑賽在賽道沿途都會設有流動公廁，但上廁所的時間各有優缺點：離出發點近的廁所通常會大排長龍，而接近終點的廁所雖然人較少，但因為已經跑了一長段時間，停下來上廁所會讓身體冷卻，再起跑會很辛苦。也因此，我建議女生若是參加長程賽（全馬、半馬），最好是想尿尿就先去；短程路跑賽則要靠終點再上，以免浪費時間排隊。

○女生一個人在戶外練跑時要注意什麼安全事項？

女生在外一個人練跑時，安全是最重要的！尤其是夜跑或是在河濱公園、山林間等較偏僻的地方。可以的話，最好是找朋友或孰悉的男性親友陪跑，如果對方不跑步，可以請他騎單車跟著。若找不到人陪跑，女生要盡量避免到人煙稀少、陰暗的地方練跑；記得要穿著具反光功能、亮色系的服裝，也要帶著手機。除此之外，也可以隨身攜帶小哨子或防狼噴霧，千萬不可以輕忽大意！

C 肌膚保養美妝篇

跑步時的肌膚保養與美妝方法可說是「最不重要」但女生們「最關心」的單元了，包括我自己也是。我在參加路跑賽時總想著：待會兒到終點線拍照一定要美美的！這個單元我將以自身經驗與美妝知識解答疑惑，女生們可以參考看看。

○ 跑步時可以化妝嗎？

運動時體溫上升，皮膚為了散熱會擴張毛細孔，臉部肌膚當然也不例外；如果這個時候使用粉底或其他化妝品塗抹在臉部肌膚上，將有可能造成毛細孔阻塞，生成粉刺、痘痘。而進行有氧運動時本來就會大量出汗，妝容無法持久，所以我其實不太建議女生在跑步時上妝。如果為了拍照需求必須化妝，粉底要改用不會阻塞毛孔的B.B.霜，眉筆可改為防水液態眉筆。眼妝（眼線、睫毛膏）最好避免，以防流汗時流入眼睛影響視線也造成不適。跟平常一樣，跑完記得要仔細卸妝。

○ 跑步時要怎麼選擇防曬產品？

防曬產品在選購上要注意的是「防曬係數」（SPF），SPF是「Sun Protection Factor」的縮寫，意思是延長皮膚被紫外線UVB照射時間的倍數；「PA+」則是表示「皮膚被曬多久會變黑」。為了預防皮膚癌與生斑、病變，無論想不想曬黑，建議每個跑者都要在身體外露處塗抹防曬乳、防曬油，而且最好是SPF三十以上、PA+++、成分天然的防曬用品，並於每兩、三個小時就要補擦一次。跑完步洗澡時要先以卸妝（卸防曬）用品清潔，再用沐浴乳清洗，才不至於讓防曬乳成分阻塞毛孔。

○ 運動完要怎麼清潔臉部皮膚？

運動跑步時由於循環加快，肌膚為了散熱會自然擴張毛孔，而長時間運動也有助於將體內的廢物、髒汙藉由汗水代謝排出，這也是為什麼許多運動員即使受到風吹日曬，皮膚狀況卻依然不錯的原因。我們在跑完步後要先用清水把臉上的髒汙、鹽分輕輕抹掉，避免用力搓揉；然後再以純天然成分的清潔用品洗淨毛孔。洗完臉後記得要做好保濕，尤其是在冬天，由於長跑時冷風吹拂肌膚，很容易造成臉部乾燥缺水。

○ 有做微整形可以跑步嗎？

「微整形」一般指的是非手術侵入性的醫學美容，例如注射肉毒桿菌抗皺、注射玻尿酸、微晶瓷等填充臉部凹陷處，或是磨皮、換膚以提升膚質。微整形並非永久性，注入體內的成分會隨著代謝速度而消散，而運動會提高代謝；也因此，如果妳有注射肉毒桿菌、玻尿酸又跑步的話，可能會造成整形效果提早消失。在剛注射完之後也不可以運動或沖洗熱水澡，以免填充液體任意流動，造成額頭皺紋還在眼皮卻闔不起來等窘境。做過磨皮等皮膚手術則不建議曬太陽，以避免肌膚反黑。

○ 做過整形手術的人可以跑步嗎？

「整形手術」通常指的是永久性、侵入性的

美容醫學手術，例如割（縫）雙眼皮、隆鼻、削骨、隆乳手術等。「整形手術」就和所有「手術」一樣，都會有一段外傷復原期，在傷口完全復原之前，是不建議做任何劇烈運動（包括跑步）的；但如果已經完全復原，可以在醫師的專業建議下和一般人一樣運動。做過隆乳手術的女生要更加保護胸部，改穿高強度的運動胸罩，以防止拉扯到本來很脆弱的乳房肌肉。

○ 長髮的女生在跑步時要綁什麼樣的髮型？

為了避免麻煩、減輕身體總重量，有些職業運動選手會選擇剃光頭或理平頭，但我們女生可不需要做到這樣，跑步一樣要美美的。我本身就留著過腰的超長髮，以往跑步時「綁馬尾」都是直覺選擇，但我現在發現「綁包頭」更好；不但可以避免馬尾甩動時打到自己的肌膚或身邊的跑者，也可以預防擺動時的離心力造成頸部痠痛。綁包頭時要注意牢固性，如果跑到一半頭髮散開實在會令人心情煩躁……此外，也可以戴上運動專用髮帶，避免劉海或髮絲妨礙視線。

○ 如果想以特殊裝扮參加路跑賽，有什麼要注意的地方？

在參加路跑賽時，我們常常可以看到有跑者穿著特殊裝扮，增添了不少路跑樂趣。我看過跑半馬的黑武士、跑全馬的超人與蜘蛛人，還有男生直接穿著全套燕尾服西裝跑全馬，到達終點後立刻向女友求婚，實在是浪漫極了！如果想要以特殊裝扮參加路跑賽，主要得注意服裝的「舒適性」，避免在長時間奔跑後磨傷肌膚，另外「透氣性」也很重要，太熱或妨礙到呼吸都不行。如果扮裝參加路跑也不需太在意成績，安全與趣味性比較重要。

D 運動減肥篇

許多女生開始跑步的契機是「瘦身減肥」，而動輒三、四十分鐘以上的長跑運動確實是消除脂肪、燃燒熱量的好方法！除了正常跑步以外，還有什麼附加方法可以幫助減肥呢？這個單元的問答可以解除妳的疑惑、更有效率地維持體態。

○ 要怎麼知道自己有沒有過胖？

雖然電視螢幕中的明星、模特兒擁有曼妙纖細的身材，但瘦到像她們那樣不見得健康。要知道自己有沒有過胖，首先可以計算「身體BMI質量指數」，計算公式如下：BMI＝體重（kg）除以身高的平方（m^2）。也就是說，如果體重五十公斤，身高一百六十公分（一點六公尺）的女生，她的BMI值就是「50÷2.56=19.5」，成年人（不分男女）的標準BMI值是在十八點五至二十四之間，在這個範圍內就算健康。其次，可以經由專業儀器測量自己的「體脂肪」，三十歲以下女性體脂肪在十七%至二十四%、三十歲以上在二十%至二十七%都算正常，超過的話就要多運動了。

○ 在什麼時候跑步對減肥比較有幫助？

慢跑是優質的有氧運動，無論什麼時候跑步都對提升人體代謝、維持身材有幫助，但如果是在早晨空腹時跑步，將更有助於瘦身。空腹時身體被逼迫分解體內現有的物質以供給運動熱量，所以「燃燒脂肪」便成為身體的第一選擇；早晨路跑還可以吸收到植物製造的新鮮氧氣，在高氧環境下人體代謝會更好。但要注意的是，早晨空腹跑步要留意自己的血糖與血壓，如果餓到暈頭轉向可就危險了！建議不要跑太長的時間，每天三十分鐘剛剛好。

○ 穿多一點跑步會比較容易瘦嗎？

常常看到有人穿著棉襖或不透氣的塑膠雨衣在慢跑，似乎是想逼出更多汗水、幫助瘦身。事實上，維持體內的基本溫度對瘦身確實有幫助，除了提升基礎代謝率之外，也可以避免人體為了禦寒而自然囤積脂肪。但如果穿太厚，則有可能造成體溫過高或因流汗過多而中暑、熱衰竭，適得其反！穿雨衣跑步後減輕的重量也大都是水份，只要喝個水體重就回來了。如果想有效瘦身，與其穿厚外套跑步，還不如拉長自己的運動時間，讓人體持續代謝。

○ 跑完步吃東西會不會越跑越胖？跑步的人要吃什麼比較好？

以為「運動完吃東西會更容易發胖」是讓許多女生不願意運動的原因之一，還有網路傳言說「跑完步吃下的食物熱量會更容易被吸收」，事實上這是完全沒有醫學根據的誤謬。只要我們每天「攝取的總熱量」不超過「被消耗的熱量」就不會發胖，女生一天需要攝取的熱量約在一千五百大卡至兩千大卡之間，因身高體重而異。只要注意別因運動完的饑餓感而「非理性飲食」、攝取過多熱量，跑完步吃東西絕對不會發胖。長跑完的三十分鐘內，建議趕快吃一些碳水化合物，例如香蕉、阿華田飲料……將有助於填補消耗的肌肉肝醣，讓隔天訓練更順利。

○ 跑步的速度會影響減肥效率嗎？還是跑步的時間比較有影響？

跑步的速度（步速）我們可以視之為「運動強度」，而跑步的時間則是「運動長度」，一般來說，運動強度與長度都要達到一定標準才能有減肥效果，最好是超過三十分鐘、心跳達到一百三十下以上。依據體質不同、練習程度不同，每個人能達到心跳一百三十下標準的步速也不同，但與其逼迫自己提升心律，不如「維持運動強度、拉長運動長度」對燃燒熱量還比較有幫助；這也是為什麼有如此多的跑者都在推廣「長距離慢跑」的原因。

○ 跑步可以瘦哪些身體部位？

跑步看似都是下半身在工作，但其實是種全身性的運動；像我剛開始跑步時，感到瘦身最明顯的部位居然是手臂和小腹。跑步時手臂要晃動、腹部核心肌群也要作用才能維持身體平衡，下半身就更不用說了，臀部、大腿、小腿肌肉在練跑後都會更加結實，使身體線條變漂亮。先前於問題「跑步小腿會變粗嗎？」解答過，慢速度長跑並不會長出大塊肌肉；但如果女生想要針對身體部位做雕塑，可以在跑步之餘另外做一些重量訓練、肌力訓練，例如健身房的器材、NTC課程。

BONUS 2

INTERNATIONAL MARATHONS RACES DIRECTORY
世界各地馬拉松行程表

實際馬拉松相關資訊（舉辦日期、路況等等）請參考各大賽事官方網站！

月份	賽事名稱	地點	距離	簡介
1	廈門馬拉松	中國，廈門	10K、21K、42K	賽事規劃完整，風景優美。參賽者多，跑起來會有點擁擠。
	金門馬拉松	台灣，金門	10K、21K、42K	跑過昔日戰地風景，完跑禮是一瓶特殊包裝的高粱酒。
	埃及國際馬拉松	埃及，路克索	12K、22K、42K	妳想得沒錯，真的是跑過金字塔！ 但氣溫高、治安欠佳。
2	香港馬拉松	中國，香港	21K、42K	大會規劃完善，賽道有難度；跑完可以順便吃東西買東西。
	東京馬拉松	日本，東京	42K	世界六大馬拉松之一，賽道佳、氣氛好、扮裝跑者多，能飽覽東京各大景點；可說是沒理由不參加的賽事。
	沖繩馬拉松	日本，沖繩	10K、42K	風光優美，台灣跑者很多，補給品很有沖繩風味。
3	京都馬拉松	日本，京都	42K	為了提振311大地震後東日本的士氣，關西地區便開始舉辦京都、大阪、神戶馬拉松。賽道優美，跑者也可感受到日本人對馬拉松的熱愛。
	北馬櫻花馬拉松	台灣，新北市	42K	沿途都是山櫻花美景，「初馬獎」（第一次完成全馬）是非常漂亮精美的琉璃馬獎座。
	台北國道馬拉松	台灣，台北市	12K、22K、42K	景色單調，但能跑在國道上機會難得（應該很少人有機會能雙腳踩在高速公路上？），地面質感與柏油路不同。
	高美濕地馬拉松	台灣，台中	42K	風力發電桿區域景致優美。
	東亞首爾國際馬拉松	韓國，首爾	42K	規劃很好，跑完還可以大吃大買，對女生吸引度滿點。
	名古屋女子馬拉松	日本，名古屋	42K	全世界最盛大的女子全馬，完跑禮是 Tiffany 項鍊，會有帥哥穿著燕尾服在終點發給完跑者。
4	波士頓馬拉松	美國，波士頓	42K	世界六大馬拉松之一，但參賽門檻很高。跑者可以將取得波馬參賽資格作為練跑目標。
	巴黎國際馬拉松	法國，巴黎	42K	景致極度浪漫，關門時間為5小時40分。
	維珍倫敦馬拉松	英國，倫敦	42K	世界六大賽事之一，規劃頂級，慈善感覺濃厚。
	四萬十川櫻花馬拉松	日本，高知	42K	四萬十川的櫻花美景世界有名。

5	北京長城馬拉松	中國，北京	42K	跑在萬里長城上是難得體驗，但有不少階梯。
	PUMA螢光夜跑	台灣	3K、5K、14K	在晚間起跑，可佩戴螢光飾品營造派對氣氛。短距離很適合初跑者參加。
6	普吉島馬拉松	泰國，普吉島	10.5K、21K、42K	景色優美，但有坡度，氣溫濕度也很高。
	NIKE女生運動節	台灣，台北	6K、10K、21K	只有女生可以參加，除了路跑之外還有NTC Party等相關活動，氣氛超歡樂，很適合作為女生第一場路跑賽。
7	里約馬拉松	巴西，里約	42K	跑過基督山雕像震懾人心，關門時限是六小時。
	陽明山越野路跑賽	台灣，陽明山	5K、21K	七月的陽明山還算涼爽，坡度有點難度，但風景優美。
8	札幌馬拉松	日本，北海道	11.5K、42K	道路平坦，賽事規劃完善，札幌美食眾多。
9	柏林馬拉松	德國，柏林	42K	世界六大馬拉松之一，賽道完美，常有頂尖跑者在此創下紀錄。
	台灣精工城市路跑賽	台灣，台北	3K、12.5K	路程短，很適合作為第一場路跑賽。
	梅鐸馬拉松	法國，波爾多	42K	傳說中的「波爾多紅酒馬拉松」，賽道沿途免費供給紅酒與美味食物（生蠔、起司、鵝肝醬），優秀跑者還可將與自己體重相等的紅酒搬回家。
10	芝加哥馬拉松	美國，芝加哥	42K	六大馬拉松之一，一生一定要跑過一次。
	舊金山女子馬拉松	美國，舊金山	21K、42K	雖名為女子馬拉松，但男性也可以參賽。舊金山山坡路段多，可飽覽金門大橋等美景。完跑禮是Tiffany項鍊，會有帥哥穿著燕尾服在終點發給完跑者。
	信義鄉葡萄馬拉松	台灣，南投	6K、23.2K、42K	傳說中的「辦桌馬拉松」，賽道沿途免費供給當季葡萄、甜椒、水果……跑完還有原住民烤山豬肉、小米酒、鹹粥。
	北京國際馬拉松	中國，北京	21K、42K	氣氛熱鬧、外籍跑者多，但公廁不足問題長年被詬病。北京市有時會有較嚴重的空氣汙染問題。
	大阪馬拉松	日本，大阪	8.8K、42K	從著名古蹟大阪城起跑，賽事規劃完整。
11	紐約市馬拉松	美國，紐約	42K	世界六大馬拉松之一，據跑過的人都說會有種起雞皮疙瘩的感動，一生中一定要跑一次。
	神戶馬拉松	日本，神戶	42K	神戶市日本馬拉松起源地，跑起來頗有意義。
	台灣米倉田中馬拉松	台灣，彰化	9.4K、22.6K、42K	跑在台灣鄉間的田中央是難得體驗，景色優美，補給站甚麼食物都有（甚至還有泡麵），是「跑過都說好」的口碑馬拉松。
	太魯閣峽谷馬拉松	台灣，太魯閣	21K、42K	台灣最具代表性景致的馬拉松，身為台灣人一定要跑過。但因在國際間越來越熱門，現要報名已改為抽籤入選制。
12	上海國際馬拉松	中國，上海	10K、21K、42K	氣氛熱鬧歡樂，但有點混亂。
	富邦台北馬拉松	台灣，台北	3K、9K、21K、42K	台北一年一度的大盛事，參賽者多，跑起來會有點擁擠。
	澳門馬拉松	澳門	21K、42K	參賽歐美國籍人士人很多，跑完可以到賭場玩或吃澳門美食。
	檀香山馬拉松	夏威夷，檀香山	42K	完全無時間限制，用散步的都可以。雖然在夏威夷，但參賽者有九成是日本人，補給品也會以「日本口味」為主。

「用力跑！要堅強！有野心！」

——1960年代澳洲知名田徑教練，珀西．切魯迪

"Run hard, be strong, think big!" —— PERCY CERUTTY

catch 203

歐陽靖寫給女生的跑步書
──連我都能跑了，妳一定也可以！

作者：歐陽靖 GIN OY
攝影： WE R THE CATCHER
影像協力： HSINHUI WU
插畫：葉懿瑩I YING YEH
美術設計： IF OFFICE
校對： SHUYUAN CHIEN
編輯： CHIENWEI WANG

法律顧問：董安丹律師、顧慕堯律師
出版者：大塊文化出版股份有限公司
台北市105南京東路四段25號11樓
www.locuspublishing.com
讀者服務專線： 0800-006689
TEL ：（02）8712-3898 FAX ：（02）8712-3897
劃撥帳號： 18955675
戶名：大塊文化出版股份有限公司
E-MAIL ： locus@locuspublishing.com

總經銷：大和書報圖書股份有限公司
地址：新北市新莊區五工五路2號
TEL ：（02）8990-2588（代表號） FAX ：（02）2290-1658
製版：瑞豐實業股份有限公司
初版一刷2013年12月
初版十三刷2017年9月
定價350元
ISBN 978-986-213-476-4

國家圖書館出版品預行編目（CIP）資料
歐陽靖寫給女生的跑步書：
連我都能跑了，妳一定也可以！/ 歐陽靖作.
-- 初版. -- 台北市：大塊文化, 2013.11
240 面；17×22公分. -- (catch；203)
ISBN 978-986-213-476-4（平裝）
1.賽跑 2.運動訓練
528.946 102021855

Special Thanks To: Dog Thief、Joy Teng、Oceanus Tang、nichi nichi日子咖啡、NIKE、WEI KAN、Sonam索南東珠、小器、流氓、台北市政府